二孩经济学

全忠伟◎著

ZHEJIANG UNIVERSITY PRESS
浙江大学出版社

前　言

自新中国成立以来,我国的人口政策经历了"全面放开—适度紧缩—全面紧缩—适度放松—全面放松"五个阶段。其中全面紧缩阶段,"一对夫妇只生一个孩子"的计划生育政策持续了30余年之久。然而,全新的人口形势带来了全新的挑战,计划生育政策急需做出调整。

自2012年以来,我国的劳动力人口呈现明显的下降趋势,新生儿增长率持续下滑。不仅如此,中国社会还出现了人口老龄化加剧、男女比例失衡等人口结构不良的现象。这些问题,都将在未来给我国的经济发展和社会稳定带来不利影响。为了应对这些潜在的人口问题,提高新生儿增长率,我国政府先后推行了"单独二孩"政策,特别是2015年推出了"全面二孩"政策,中国正式迎来"一对夫妇可以拥有两个孩子"的时代。

而作为二孩政策的直接影响群体,广大家庭对于新政策却是"忧喜交加"。喜的是,政策圆了许多家庭的"二孩梦",有意愿生养二胎的夫妇可以合法合规、光明正大地拥有第二个孩子,这不仅能够让一个家庭更幸福、更快乐,而且也意味着在孩子成长过程中和夫妻逐渐老去后,彼此都能有更多的陪伴;忧的是,如今生儿育女的成本不断攀升,生活节奏加快,生活压力加大,许多父母"养活"一个孩子便已经心力交瘁,又如何承担得起两个孩子在成长过程中的饮食、穿衣、娱乐、教育、医疗等各项支出呢?

二孩政策不仅牵动着无数家庭的心,也在挑战着众多企业的神经。随着二孩政策的推行,可以预见的是新生儿数量将有一个显著的提升,由此带来的巨大市场将会给众多行业都带来巨大的利好因素和全新的竞争挑战。从短期来看,婴幼儿奶粉、尿布,儿童服装和玩具,产后妈妈健身和美容等行业都将迎来发展良机;从长期来看,各类教育培训机构、汽车、住房也将迎来新一轮发展前景。二孩产业机遇近在眼前,但是企业要如何判明这些机遇,又要如何紧随机遇发展,同样是需要探讨的问题。

所以,二孩政策搅动的不只是人心,同样还有经济,大到整个社会、众多行业的经济发展趋势,小到一个个家庭的收支,都会受到显著影响。二孩问题不只是人口学问题,同时也是经济学问题。

本书正是这样一本全面探讨"二孩经济学"的书,它以二孩政策对于各个群体的影响作为切入点,深入讨论二孩政策的经济效应和应对之策。全书共分为三大部分:第一部分主要介绍了二孩政策推行的原因、现状及其对各个群体带来的预期效应;第二部分主要讲述了二孩政策对于家庭的影响,通过经济、情感、身体、育儿四个方面的剖析,帮助有意愿生养二孩的夫妻判断自身是否适合生二孩,以及在备孕二胎、抚养两个孩子过程中的注意事项和相关技巧;第三部分主要讲述了二孩政策对于企业的影响,主要内容包括各个行业中的企业如何应对"二胎婴儿潮"的机遇和挑战,以及创业者们应如何抓住"二胎婴儿潮"的机遇开展创业活动。

无论你是面对二孩政策感到纠结和犹豫的父母,还是面对"二胎婴儿潮"而蠢蠢欲动的企业家或创业者,都可以通过阅读本书来透彻地了解二孩政策及其带来的具体影响,并以此作为自己决策的依据和自己行动的指引,尽量避免因一时冲动而走上弯路、错路。

人口政策调整对经济的影响,二孩政策所隐含的经济学原理,远比许多人想象中的更为复杂。如果你想真正了解"二孩经济学"这一"新学问",那么本书将为您解答。

目 录
CONTENTS

中国式"二孩经济学"

PART1

第1章 二孩,未来经济的新动力 3

01 "只生一个孩子好"的时代 3

02 从"单独二孩"到"全面放开二孩" 6

03 人口红利:放开二孩的社会学意义 9

04 产业红利:放开二孩的经济学意义 12

05 家庭红利:放开二孩的幸福学意义 17

06 "孩儿动力"没有看上去那么美 20

07 "全面放开二孩",生还是不生? 24

家庭"二孩经济学"

PART2

第2章 经济准备:不得不算的"二孩账" 31

01 经济自测:你适不适合生二孩? 31

02 在中国,生养二孩要花多少钱? 34

03 要生二胎,先学会"省钱" 39

04 为二孩,打赢理财攻坚战 43

05 做好投资,让"财富增值" 47

06 学着精打细算,二孩也不难养了 51

第3章 情感准备:家庭支持对生养二孩很重要 55

01 情感自测:你适不适合生二孩? 55

02 生还是不生?夫妻要同心 58

03 生"老二","老大"同意吗? 62

04 情感分享,化解大宝的"二孩焦虑症" 65

05 别把"养二孩"的压力转嫁给父母 68

06 "二孩"不是万能药,救不了家庭危机 71

07 儿子?女儿?"二孩"不该承受的重担 74

08 生孩子不是赶潮流,是对一个生命负责 76

第4章 身体准备:二胎有风险,也有益处 79

01 身体自测:你适不适合生二胎? 79

02 生二胎,这些风险你必须知道 82

03 生二胎,对女人健康的益处 85

04 备孕二胎,要注意什么? 87

05 当心!七个问题阻碍女性怀二胎 91

06 男性备孕二胎,应小心四大"拦路虎" 93

07 想生二胎?"三项注意"要落实 95

08 一胎剖宫产,二胎生产要慎重 98

09 生二胎不能太"自信",临产更应细心 101

10　产后减肥，一定要健康　104

第5章　育儿准备：生不是问题，养才是问题　107

01　育儿自测：你适不适合生二孩？　107

02　2个孩子的育儿成本＜1个孩子的育儿成本×2　110

03　做好时间管理，养娃、工作两不误　113

04　花钱买时间，也未尝不可　118

05　放下对大宝的愧疚心理　120

06　二宝出生后，正视大宝的问题　122

07　"均等"就是不偏心吗？　125

08　刻意培养手足亲情　127

09　家有两孩，爸爸的陪伴更不可少　130

企业"二孩经济学"

第6章　"二孩经济"，是机遇也是挑战　137

01　二孩来了，"二胎门诊"应运而生　137

02　"二胎保险"噱头大于实际　141

03　"二孩房"，"楼市红利"短期难兑现　143

04　"二孩政策"催生月嫂热，价格却下降　147

05　"二孩经济"竞争重"质"是根本　150

06　"二孩经济"更重产品研发能力　153

07　"二孩经济"背后的投资机遇　155

08　"二孩经济"投资风险更高　158

PART3

第7章 "孩儿动力"之下,如何创业? 160

01 "婴儿潮"期待的"互联网＋医疗" 160

02 母婴 O2O:做好大幅增长的准备 165

03 妇产科领域:医生自由执业和移动医疗市场 169

04 智能硬件:让"二胎"育儿更方便 172

05 家政服务:解除二孩家庭带孩子的压力 177

06 健身健美:重塑"二孩妈妈"的美丽 180

PART 1

中国式
"二孩经济学"

二孩政策的开放，彻底取代了我国坚持了数十年之久的计划生育政策。人口政策的大幅度调整，不仅为我国的人口数量、人口结构带来全新的影响，对于整个国家、整个社会的经济环境也将带来巨大的冲击。

第1章

二孩，未来经济的新动力

　　人口，是经济发展的重要动力之一。作为世界上首屈一指的人口大国，丰富的劳动力资源和人才资源在我国数十年的经济飞速发展中起到了至关重要的作用。然而，为了应对人口急速增长带来的压力，长期以来计划生育政策的实施使我国走向了另一个极端。人口生育率持续走低，人口老龄化现象加剧，正成为随时可能爆发的社会隐性问题。在这种全新的社会形势下，"二孩政策"应运而生。

01 "只生一个孩子好"的时代

　　新中国成立初期，饱受了多年战争苦难的国家终于迎来了平稳发展的时期。由于在战争中失去了众多同胞，政府也积极提倡人民大众多生育，共建繁荣大家庭。其实不只是在国内，在经历了第二次世界大战灾难性打击之后，世界上的许多国家都迎来了"婴儿潮"。而当时的中国，工业基础薄弱,劳动力是重要的经济推动因素,再加上传统观念的引导和政府的支持鼓励,人口一度陷入无计划的高速增长状态中。

伴随着国内人口出生高峰的出现,超多的人口数量和超高的人口自然增长率带来的各种隐患也随之显现。首先,人口的无计划增长与当时国家的计划经济政策存在矛盾,并给计划经济的执行和开展带来了不稳定因素;其次,人口快速增长为资源和环境带来了沉重的压力,使我国从"资源大国"(总资源储量庞大)变成了"资源小国"(人均资源占有量较小),环保问题也日益凸显;再次,人口快速增长也为社会经济的发展带来了负担,尤其在当时国家经济基础尚不稳固的情况下,能否满足广大人民的吃、穿、用等基本需求成为一大难题;最后,人口的增长也带来了劳动人群的就业压力,我国几乎是从零开始摸索建设现代化产业,产业规模总量有限,难以快速提供充足的就业岗位,这有可能造成社会不稳定。

在诸多现实因素之下,计划生育政策也逐渐被提上日程,国家希望通过这一政策有效调控全国人口数量,防止人口进一步无序、过快地增长。不过,计划生育政策的制定与实施也并非一蹴而就,而是经历了长期的探讨与摸索。我国计划生育政策的制定与完善大致可划分为以下四个阶段。

第一阶段(1953—1961年):节制生育的思想提出。随着第一次人口出生高峰的出现,国家领导人以及一些知名学者,已经关注到人口问题对国家社会经济发展的负面影响,节制生育的呼声逐渐增加。

第二阶段(1962—1969年):提倡计划生育试点。随着第二次人口出生高峰的出现,国内人口已经接近7亿大关,人口过快增长的态势再一次引起了政府的关注。1962年,中共中央、国务院在《关于认真提倡计划生育的指示》中强调:"在城市和人口稠密的农村提倡节制生育,适当控制人口自然增长率,使生育问题由毫无计划的状态逐步走向有计划的状态。"1964年,政府在中央成立了国务院计划生育委员会,部分地区也相应成立了类似的计划生育工作机构,而在城市地区,更是先后建立了较为完善的计划生育组织机构,这成为我国建立专门化组织机构来推广节制生育工作的初期尝试。

第三阶段(1970—1980年):提倡"晚、稀、少"的生育政策。进入20世纪70年代,在周恩来总理的大力倡导之下,计划生育工作在全国各个城市与农村地区全面开展,并且明确提出了力争在"四五"期间将城市人口自然增长率降到10‰左右,农村降到15‰之内的工作目标。1972年,政府提出了"实行计划生育,使人口增长与国民经济发展相适应"的战略思想。1973年,国务院计划生育领导小组办公室召开了全国第一次计划生育工作汇报会,在会上明确提出了"晚、稀、少"的生育政策指导思想。

第四阶段(1980—2013年):提出、完善和执行稳定的计划生育政策。1980年9月,国务院在五届全国人大三次会议上指出:"除了在人口稀少的少数民族地区外,要普遍提倡一对夫妇只生育一个孩子,以便把人口增长率尽快控制住。"1981年,五届人大四次会议的《政府工作报告》中提出:"限制人口数量,提高人口素质,这就是我们的人口政策。"1982年9月,党的十二大将实行计划生育确定为我国的一项基本国策。同年12月,全国人大最新通过的《中华人民共和国宪法》中明确规定:"国家推行计划生育,使人口的增长同经济和社会发展计划相适应。"2002年9月,《中华人民共和国人口与计划生育法》颁布实施,完善了计划生育政策的具体内容,使该政策进一步制度化和法制化。

自我国实行计划生育以来,估计全国总计少生4亿多人口,有效缓解了人口对于资源、环境以及社会经济发展的压力。这一政策的落实对国家富强和民族振兴都产生了重大影响。同时,计划生育不仅仅控制了人口数量的增长,由于经济发展和教育资源的集中,也显著提升了人口素质,使我国在迈向物质强国的同时,也走上精神强国的发展道路。

计划生育政策不仅仅为国家和社会的发展带来了积极影响,对于每一个人、每一个家庭都有着重大意义。计划生育政策的八字方针为"晚婚、晚育、少生、优生",晚婚晚育使众多年轻人有更多的时间和精力去追寻自己的梦想,为自己的事业而奋斗,而少生优生则让年轻父母能够将更多的精力与资源投到一个孩子身上,花更多时间同子女交流,这不仅减轻了家庭负担,也有助于子女的成长。

随着计划生育政策的优势逐渐显现,越来越多的公众真正认识到了计划生育政策对于国家、对于个人的重大意义。特别是思想开放的年轻群体,基本能够自觉遵循计划生育政策的倡导。"只生一个孩子好"的时代观念,随着国家的繁荣富强不断地深入人心。

02 从"单独二孩"到"全面放开二孩"

时至今日,我国仍然是世界第一人口大国。国家统计局发布的最新人口数据显示,截至 2015 年 1 月,我国人口总数为 13.6782 亿人。但是,这巨大的人口数量是由于长期以来庞大的人口基数所带来的,随着多年来计划生育政策的实施和晚婚晚育政策的鼓励,我国的人口结构已经发生了巨大的变化。

据统计,自 2012 年起,我国的劳动年龄人口数量就开始急剧减少,相较 2011 年减少了 345 万人。同时,人口老龄化速度加快,至 2015 年 1 月,在全国 13.6782 亿人口中,65 岁以上的老龄人口占比 10% 以上。在当前生育率持续走低的状况下,预计到 2023 年以后,我国的劳动年龄人口年均将减少800 万人左右。

　　日益突出的人口结构性问题,为我国未来的经济发展和社会繁荣埋下了一颗"定时炸弹"。为了应对这一隐患,2013年中共十八届三中全会决定启动实施"单独二孩"政策,即允许一方是独生子女的夫妇生育两个孩子。值得注意的是,我国推行的是二孩政策而非二胎政策,即假如夫妻双方第一胎为双胞胎,那么就不能再依法生育。随后,该项政策决议由十二届全国人大常委会第六次会议表决通过,"单独二孩"政策正式在全国范围内实施。

　　实际上,在"单独二孩"政策制定和实施之前,就有一些地区开展了尝试性的鼓励生育政策。比如天津,该市相关条例规定,夫妻双方均为独生子女的,可以生育两个孩子。而随着"单独二孩"政策的推行,天津市也很快调整了该条例的内容。

　　对于"单独二孩"政策的执行,各个地区在时间上并不统一。最早的浙江省于2014年1月17日即开始实施,而最晚的河南省则于2014年6月3日才开始实施。与此同时,各个地区在具体的政策规定上也有所不同。比如,在北京市和天津市,有条例规定,经批准生育二胎的,应当与生育第一个子女的时间间隔4年以上,但女方年满28岁、再婚夫妇、依法收养孩子的不在此规定内。各个地区对于"单独二孩"政策在执行时间和内容上的不一致,主要是结合各地实际的人口状况、经济状况做出的相应调整。

　　"单独二孩"政策施行后,迎来了一部分认可的声音,但同时也引发了人们的担忧:"单独二孩"政策的实施会不会再次使中国的人口增长失去控制?事实上,国家统计局的数据显示,在2002年至2012年的10年间,我国平均每年的新增人口都超过1600万,但是人口增长的惯性是在不断减弱的。同时,育龄妇女的年龄结构变化,以及人口老龄化造成的死亡率上升,都会使我国的人口自然增长率不断下降。据测算,在实施"单独二孩"政策后,我国的新生儿数量有所增加,但是人口总数仍在"十二五"的人口规划调控目标之内。

不仅如此,人们生育意愿的持续走低和生育成本的节节攀升,使得新生儿数量远低于预期,并未带来一阵狂热的"婴儿潮"。根据国家计生委在2014年12月发布的数据,全国符合"单独二孩"政策规定的夫妻共有1100万对以上,但实际的申请率仅为6%,远远低于预期的18%。

由于"单独二孩"的推行并未带来预期的人口增长效果,于是在2015年10月,中共十八届五中全会公报指出:"为促进人口均衡发展,完善人口发展战略,全面实施一对夫妇可生育两个孩子的政策。"至此,"全面放开二孩"政策正式提出。

与"单独二孩"政策不同的是,"全面放开二孩"的政策落地时间在全国范围内保持一致,即各个地区不得再各行其是。目前,"全面放开二孩"政策已经自2016年1月1日起施行。

"全面放开二孩"政策,对我国的人口增长会带来多大的影响?据专家统计和预测,在政策全面放开后,新生儿的数量可能在300万至800万之间,超过800万的可能性很小。即便达到人口增长的峰值,最多也仅为2200万。而在当前的人口自然增长率下,我国至2030年的人口数量最多可达14.5亿左右,仍然在可调控的范围之内。

相关专家表示,"单独二孩"政策的实施结果,表明人口政策的调整并非是解决老龄化、少子化现象的"灵丹妙药",即便是"全面放开二孩"仍不足以从根本上解决问题。但同时专家也表示,人口政策的积极调整必然会带来新生人口的增加,这也必然会对我国的人口结构乃至社会经济发展都带来积极的影响。

国家推行"全面放开二孩",不仅仅是为了应对人口结构问题所做出的积极引导,同时也是为了最大限度地满足公民更多生育子女的愿望,给予他们充分选择的权利。有不少夫妇在采访中表示,尽管自己并不打算再要一个孩子,但对于国家推行"二孩政策"还是很支持的,这为许多有条件、有意愿的夫妇生育新子女提供了政策保障。

从"单独二孩"到"全面放开二孩",表明我国的人口政策已经从计划生育过渡到了一个全新阶段。全新人口政策,不仅赋予了公民更多的生育子女的权利,也有助于引导我国人口结构问题的调整和改善。同计划生育政策一样,"二孩政策"的具体成效也并非一朝一夕可以看清,需要长期的坚持。"二孩政策"在未来究竟会给我国的社会发展带来哪些影响,尚有待时间的考验。

03 人口红利:放开二孩的社会学意义

人口红利,是指当一个国家的劳动年龄人口占总人口比重较大,非劳动年龄人口比重较小,此时社会抚养率比较低,为经济发展创造了较为有利的人口条件,整个国家的经济都会呈现高储蓄、高投资和高增长的态势。二战之后,伴随着世界范围内的"婴儿潮"爆发,许多国家都迎来了人口红利时代,我国同样也不例外。持续长达数十年的人口红利时代,是我国近几十年来经济持续快速发展的重要因素之一。

早在1965—1970年,我国的人口红利效应就已经显现,并且创造积累了国民经济的基础。而在我国计划生育政策实施成果显著期间,由于人口出生率迅速下降,少儿抚养比例迅速下降,劳动年龄人口比例迅速上升,在老年人口比例到达较高水平前,整个社会都进入了一个劳动力资源相对丰富、抚养负担较轻、对经济发展有重大利好的"黄金时期"。在这一时期内,我国每年供给的劳动力总量都在1000万以上,保证了经济增长中最基本的劳动力需求,劳动力优势和成本优势使中国一步步成为"世界工厂"。同时,由于社会保障支出较小，社会财富积累远远高于社会财富支出，社会经济始终处于高增长状态。

人口结构为经济发展带来的红利，不只在于劳动力的供给，同时还包括扩大储蓄和社会投资。比如，通常情况下，人们在40～60岁储蓄的可能性和储蓄金额最大，如果该年龄段的人口较多，就会带来更多的社会储蓄，而越多的储蓄意味着越多的社会经济发展资本。

需要明确的一点是，人口红利并非万能，满足人口红利的条件未必一定能够刺激社会经济增长。但是，一旦社会经济增长驶入"快车道"，人口红利势必会成为一种强有力的"助推器"。人口红利对我国近现代经济发展起到了重要作用，这是毋庸置疑的。据国内相关机构研究，中国经济增长的27%得益于人口红利。为此，一个新的问题也随之出现：一旦人口红利的窗口关闭，中国经济会受到多大的负面影响？

2013年1月，据国家统计局公布的数据，2012年我国15～59岁年龄段的人口在很长的一段历史时期内首次出现了绝对数量的下降，比上一年减少345万人，这意味着，人口红利的大门正在逐渐关闭，由人口红利带来的经济增长要进入一个"减速带"。

从1979年到2012年，中国商品出口额从150亿美元激增至2.1万亿美元，国外投资大量涌入，并由此重构了世界制造行业的版图，而这一切，都源于这一时期内我国大量的廉价劳动力。而如今，随着人口红利的逐渐消失，廉价劳动力的供给也将越来越少。

不仅如此，人口红利的消失还将为我国未来的社会发展带来深远的影响。如今，我国已成为全世界老龄化速度最快的国家之一，随着老龄化趋势的加重，青壮年劳动人口的数量将不断下降，而需要赡养的老龄人口数量将不断增长，这将会从劳动力供给和社会资本积累两大方面制约我国未来的经济增长。而且，我国当前的社会保障体系远不如发达国家完善，大量的老龄人口会加重全社会的抚养压力,甚至会带来一定程度上社会不稳定现象的发生。

在这样一个特殊时机下,二孩政策的实施自然被国内外舆论解读为应对人口红利消失的现实选择。有关专家称,放开二孩生育政策必然能够在一定程度上刺激新生儿的增加,长期来看,不仅能够降低我国老龄化人口的总占比,还能够在若干年后大量补充劳动力资源,减缓人口红利的消失步伐。

据业内人士研究分析称,实施二孩生育政策将有效缓解人口老龄化趋势加重对社会总需求和资产价格压力的影响。相关人士进一步说明,80后的生育高峰的自然循环与二孩政策的放松相互吻合,在这一叠加作用下,将使中国迎来新中国成立以来的第四次婴儿潮,并有望持续到2022年左右。同时,二孩政策对全国一线城市以外地区的人口结构影响巨大,二孩政策对全国新生儿增长量的影响将达到7%~8%,而对二、三、四线城市的新生儿增长量的影响将达到15%左右。

国外媒体对于实施二孩生育政策也持积极意见。瑞士《新苏黎世报》认为,二孩政策将创造第二次人口红利机会,新的生育政策与中国城市化政策相适应,将整体推进社会改革,对中国来说是一个积极的社会政策。

不过,我们也需要清醒地认识到,人口红利的消失是必然趋势,推行二孩政策只能使其减缓而不能逆转。建立在廉价劳动力基础上的经济快速增长是不可能永久持续的,只是能够帮助全社会打下一个较为坚实的经济基础。因此,比起人口数量上的增长,实施二孩政策在调节人口结构上的意义更加重大。随着新生人口的增加和老龄人口的减少,新政策在减缓养老压力的同时,刺激了消费带动社会经济的增长,同时还能刺激就业,加速第三产业的发展,推动社会经济结构转型。

劳动力的增长停滞甚至是负增长现象在未来一段时间内基本成为定

局,但是通过调节人口结构,仍然可以将数量人口红利导向结构人口红利,开放经济增长的"新闸门"。而结构人口红利的引导,不能仅依靠全面放开的二孩政策,还需要一系列相关政策的支持。比如,改革城乡分离的户籍制度,降低农村户籍转城市户籍的门槛,推进城市化进程,从而进一步释放农村劳动力,提升外来务工人员的平均工作效率,这对于其个人经济改善和社会经济发展都大有裨益。

无论如何,生养二孩的决定权都在于个人和家庭,政策的放开会产生积极的引导作用,但并不会即刻产生显而易见的成效。放开二孩生育政策是否能够顺利延缓人口红利的消失,是否能够顺利引领新一轮人口红利的出现,无人能够断言。但是,放开二孩生育政策必然会对人口红利产生积极的引导作用,这是毫无疑问的。而最终的成果,不仅需要时间的检验,也需要政府进一步推出配套的支持政策强化引导机制,将国内人口数量和人口结构调控至健康合理的水平上。

04 产业红利:放开二孩的经济学意义

伴随着全面放开二孩生育政策即将引领的新一轮婴儿潮,人口数量的增长将带动当前乃至未来的社会总体消费量,而消费潜能的进一步释放,也必将为社会产业的发展带来直接的积极影响。

从被誉为"未来经济晴雨表"的股票市场上来看,在全面二孩政策被正式公布的数日前,股票市场上就已经掀起了"二胎概念股"的热潮,相关产业股受到了直接或间接的提振。

婴幼儿生活用品产业直接受益最为明显。就以纸尿布行业来说,由于在过去数年时间内,全国的人口出生率始终保持在相对平缓的状态,新生儿每年的增速仅为1.7%,因此纸尿布的消费量增长主要源于市场渗透率的提升。而随着全面二孩政策实施带来的出生率提高、新生儿增速加快,纸尿布的消费量将有显著增长,对行业发展形成直接利好,而相关的石化、纤维等原材料加工行业也将间接受益。

婴幼儿奶粉产业未来发展的期望值最为乐观,我国当前已经是全球最大的婴幼儿奶粉消费市场,其消费覆盖了75.8%的婴幼儿家庭,年平均增速达到25%,几乎是美国的三倍之多。婴幼儿奶粉产业本身也正处于快速上升轨道中,在2012年,我国奶粉市场的整体销量约为50万吨,市场规模大约500亿元。而随着全面二孩生育政策放开后,婴幼儿奶粉产业在2015年的行业规模约为750亿元,在2020年将超过千亿元,整个产业将迎来进一步扩容。

医药产业的未来发展也受到了较为乐观的期待,随着二孩政策的实施,保守估计将会使生育率提升20个百分点,政策实施3年后新生儿数量有望突破2300万,其中0~3岁的婴幼儿将增长35%左右,这对于该年龄段的婴幼儿用药品、疫苗的需求量将有明显刺激,而医院中的婴幼儿培养箱、辅助生殖设备的需求量也会随之提高。

文娱产业也将成为全面放开二孩政策的"受益者"。随着新生儿的增加和成长,相关的儿童文化娱乐商品也将成为消费热点。比如模型、积木、娃娃等玩具产品,以及电子琴、书画等文化产品,需求量的增加将会为相关行业的发展创造优势。

除了婴幼儿用品、婴幼儿奶粉、医药、文娱这几大被热捧的产业外,随着二孩政策带来的产业红利进一步释放,饮食、服装、教育、旅游、MPV汽车等众多产业都会受到不同程度的积极影响。

在这个经济全球化的时代,二孩政策带来的产业红利的影响力不仅在国内,还迅速扩散到了国外。

中国实行全面二孩政策的消息刚刚传出,在美国股市上,知名婴幼儿奶粉企业美赞臣的股价便大涨 3%,达到两个多月以来的峰值。澳大利亚、新西兰、荷兰等国家的婴幼儿奶粉生产企业都普遍表示,对中国实行全面二孩政策的消息感到鼓舞和振奋,将之称为"出乎意料的好消息"。婴幼儿奶粉生产企业一致认为,随着全面二孩政策的落实,中国婴幼儿奶粉市场的需求扩张将成为必然,对于全球的婴幼儿奶粉产业来说都是一大"福音",甚至还有一些生产企业担忧会因产能跟不上需求而白白错失商机。

除了已经率先做出反应的婴幼儿奶粉产业,国外的玩具、旅游、奢侈品等产业的生产商和销售商也一致对二孩政策表达出乐观态度,他们认为全面二孩政策必将为其所在产业带来更庞大的消费潜力和潜在商机。

就在全面二孩政策正式公布的第二天,时任迪士尼公司 CEO 罗伯特·伊戈尔(Robert Iger)在上海出席南加州大学全球会议时曾当众表示,要为中国领导人写封感谢信,感谢全面二孩生育政策的放开,因为这为他们(迪士尼相关产业)送来了孩子。尽管罗伯特·伊戈尔说的仅仅是玩笑话,但也代表了众多二孩政策的受益产业的普遍反应:二孩政策的放开必将带来不容忽视的产业红利,是不容错过的行业机遇。

二孩政策下的产业红利,是一条完整的、可延展的经济价值链。随着二孩政策放开带来的新一轮婴儿潮,将首先为诸如婴幼儿奶粉、母婴用品、母婴医疗医护等产业带来绝佳的市场机遇,而随着"二胎新生儿"的逐渐成长,食品、服饰、教育培训等配套产业也将随之受益,当"二胎一代"进一步长大成人,旅游、保险、房地产等产业也将获益匪浅。由于二孩政策带来的是消费人口的增加,因此理论上一个人人生中所涉及的所有产业都会随之受益,只是时间早晚的问题。

一个孩子究竟能够带来多大经济体量的增长?央视市场研究股份有限

公司(CTR)媒介与消费行为研究总经理沈颖认为,一个孩子牵动着一个家庭的"6个钱包",不仅包括孩子的父母,还可能包含双方家庭的四位老人。在中国,一切围绕孩子转的家庭观念几乎已经成为难以扭转的社会现象,而伴随着孩子成长而产生的一系列支出,其价值总量也是惊人的。

以奶粉市场为例,根据央视市场研究的26个城市中的7400个样本调查结果显示,纯奶粉喂养的家庭占到了19.7%,母乳+奶粉喂养的家庭占到了56.1%,如果按照当前市面上价格较高的高档奶粉来计算,一个纯奶粉喂养的婴儿一年将喝掉2万元左右的奶粉。

奶粉消费仅仅是婴幼儿基本消费的冰山一角,婴幼儿服装、生活用品、玩具等,都是一笔笔不菲的支出。而随着"不能让孩子输在起跑线"上的想法盛行,早教机构也越来越受到广大年轻父母的欢迎,一些针对3岁以下婴幼儿的早教机构,其一年的费用高达1万元以上,价格惊人。

在这一连串庞大数字背后,潜藏的是无尽的商机,而带来庞大商机的不只是"二胎宝宝",还包括各位新妈妈以及整个家庭。央视市场研究的调查结果显示,如今6岁以下的婴幼儿妈妈中,"80后"占据了绝对主导地位,达到80%,剩余12%为"70后",8%为"90后"。而从此往后,"90后"妈妈们也将逐渐成为"主力军"。随着"80后"、"90后"这些曾经的新生代们为人父母,母婴消费市场的消费观念和消费结构也将随之发生变化。

在过去,由于受到生活水平的限制,绝大部分父母都选择将有限的资金全部投入子女身上,将照顾好子女作为首要且唯一的目标。而随着生活水平的提高和思想的开放,年轻妈妈们的育儿思维也在发生着变化,新时代妈妈们认为,爱自己和爱孩子同样重要,只有照顾好自己才能更好地照顾孩子和家庭。据调查结果显示,当前0~1岁的孩子妈妈们有76.3%赞成这一观念,4~6岁的孩子妈妈们则有83.5%赞成这一观念。于是,一系列以年轻妈妈们作为主要消费对象的产业也随之"蠢蠢欲动",健身房、纤体中心、美容院等都是直接的受益者。根据央视市场研究的调查结果显示,在每月都去健身房的人群中,产后妈妈们的比例达到 26.2%,超过了 15.4% 的普通人群比例。而在尝试减肥的人群中,产后妈妈们的比例达到 44.9%,同样超过了 36.7% 的普通人群比例。由二孩政策带动的产后妈妈们的数量增长,对于相关产业发展的刺激同样不容小视。

与此同时,有接近九成的妈妈们认为,在有了孩子之后会比以往更加关注家庭的健康和生活品质等。包括净水机、空气净化器、有机食品、保健食品等与健康生活息息相关的产品,在未来都将迎来更广阔的市场。

二孩政策带来的产业红利,不只是在潜在消费总量的增长上,对产业内部的创新调整同样有着诸多影响。比如在旅游市场中,伴随着二孩政策的放开,亲子游市场异军突起,亲子游项目成为许多旅游商家纷纷力推的热门产品。在旅游行业中,关于"如何打造亲子游品牌,分享二胎产业红利"已经成为被广泛讨论的话题,更有一些旅游品牌已经付诸实践。比如驴妈妈旅游网早在 2014 年就针对亲子游项目推出了专门的"驴悦亲子"品牌,致力于垂直市场中的深耕细作,争抢二孩市场红利。驴妈妈旅游网的负责人表示,二孩政策为亲子游市场带来的机遇一般从新生儿 2 岁时开始,一直到 12 岁,也就是说,在旅游市场中,这一波产业红利就可能持续达10 年之久。

放开二孩生育政策对于产业发展的助力是多方面的。就个体产业来看,处于上升通道中的产业可能会加速成长,而处于下降通道中的产业也可能借此重新焕发活力,或是开启整个产业的变革创新。任何一个产业,都有可能受到二孩政策的直接或间接影响,只是影响的程度、时间、方式各不相同而已。就社会产业整体来看,二孩生育政策的放开带来的是一次产业全体的疏通和刺激,将重新构建起一条社会产业价值链,带动社会经济的持续增长。

05 家庭红利：放开二孩的幸福学意义

从宏观层面来看，放开二孩生育政策对于改善我国的人口结构将产生深远的影响；而从微观层面来看，放开二孩生育政策对于改善每一个家庭的人口结构也将产生重大的影响。

由于长期以来只生一胎的计划生育政策的实施，如今我国的绝大多数家庭都形成了"4＋2＋1"结构，即由4位老人、1对夫妇和1个孩子共同组成一个大家庭。"4＋2＋1"的家庭人员结构确实大幅减缓了我国人口总量的增加，但是也由此带来了独生子女娇生惯养、失独家庭、空巢老人等一系列影响家庭幸福感的全新问题。在构建人性化和谐社会的目标下，人口政策的改革势在必行，二孩政策的放开正可谓民心所向。

二孩政策落实带来的家庭人员结构的变动，将会为众多家庭重新注入幸福感，这对于家庭中的每一个成员来说都意义重大。

从家庭中的孩子角度来看，生育二孩可以使他们拥有至亲的兄弟姐妹，这不仅能让他们的童年多一份陪伴、多一份温暖，而且对他们的成长环境乃至人格的形成都将产生影响。德国《明镜》周刊曾发表文章称："一个孩子的政策改变了中国人的人格。在中国，大多数孩子是独生子女，没有兄弟姐妹的年轻一代更悲观、更缺乏责任心。新的生育政策则可以改变孩子们的成长环境，让孩子的心理更健康。"外媒的报道绝非纸上谈兵，事实上，由广大独生子女的个性问题带来的消极影响早已显现。特别是在国内"以孩子为中心"的传统思想的引导下，独生子女被众多家庭视作"心头肉"，而长期的娇生惯养也使许多独生子女养成了个性孤僻、以自我为中心、独立性差、缺乏分享与合作精神等不利于其将来成长的性格特点。

许多年前的一份社会研究报告就已经明确显示,拥有兄弟姐妹的孩子要比独生子女责任心更强、宽容心更强,这一观点是具备心理学、社会学依据的。年龄较大的孩子,由于从小就被灌输谦让弟弟妹妹的观念,或是被赋予照料弟弟妹妹的"任务",这对于培养他们的责任心、宽容心、独立性都有积极的影响。而年龄较小的孩子,在他们的身边也会有一个可供模仿学习的榜样存在,而且彼此之间不存在同父母之间的隔阂与代沟,能够更轻松地吐露心中的真实想法等。

拥有兄弟姐妹的童年,将有助于孩子更好地同他人交流,消除成长过程中的孤独感,兄弟姐妹之间的快乐与争吵,都能够成为一份可贵的回忆。而当他们长大成人后,兄弟姐妹之间也能相互帮助、相互支持,而不必再像许多独生子女一样,形单影只地面对激烈的社会竞争和巨大的生活压力。

从家庭中的父母角度来看,放开二孩生育政策可以大幅降低成为失独家庭的风险。据统计,中国的失独家庭数量已超百万个,这些家庭不仅要面对痛失爱子的沉重打击,还要面临着老无所依的晚年生活,而这种痛苦,则可以通过二孩政策的落实来得以缓解。自然,没有哪一对父母会将生养二胎视作一种"保险",然而"天有不测风云,人有旦夕祸福",一旦发生了"白发人送黑发人"的悲剧,拥有第二个孩子的家庭至少可以使父母们保留一丝牵挂,为晚年提供一份保障。

而从长远来看,放开二孩生育政策将使未来父母们的养老压力大大减轻。在当前的"4+2+1"家庭结构下,一对夫妇可能需要照料双方家庭中的4位老人,如果子女尚未成年,那么就需要两个人照料五个人,其压力不言而喻。而在二孩政策落实后,当未来家庭结构重塑后,每一个人都会有兄弟姐妹与自己共同分担赡养老人的责任,从而减轻每一个人在养老上的经济与精力负担。

一个拥有两个孩子的四口之家,其家庭成员结构要比三口之家更合理,成员之间的互动性和互补性也都更强,角色的多样化也能使家庭成员享有更多的乐趣和亲情,比如父子情、母子情和父女情、母女情等。对于许多年轻家庭来说,一般两个孩子的年龄差距都不会太大,年龄相近的孩子之间有着自己独有的话题和交流方式,这也能大幅降低父母们的育儿压力。

从家庭中的老人角度来看,放开二孩生育政策能够有效降低"空巢老人"和独居老人的出现概率,让老人们的晚年生活更安稳、更幸福。现如今,"空巢老人"已经成为我国新的社会问题之一,当子女因为学习、工作、结婚等原因离家后,"独守空巢"的中老年夫妇可能会由此产生心理失调等"空巢综合征"。据预测,在2050年,我国临终时无子女的老年人将达到7900万人左右,独居和空巢老人的占比将达到54%,空巢老人的养老问题正成为每一个家庭需要面临的问题。

许多老年人在晚年时尽管衣食无忧,但他们更希望得到的其实是子女们的陪伴。然而现实情况却是,由于生活所需,许多人可能难以实现老人们的愿望,只能选择在节假日回家看望。即便有些人拥有与老人同住的物质基础,但是一对夫妇面对两家老人的现实情况却让他们分身乏术。而随着二孩政策的实施,在未来,如果一对夫妇能够拥有一双儿女,那么当他们晚年时,"独守空巢"的可能性就会大幅降低。

此外,"儿孙满堂,多子多福"是我国自古以来的传统观念,特别是当人年老后,更是希望能够膝下多子多孙,共享天伦之乐,而二孩政策的放开,在一定程度上也能满足老年群体的这类需求,让他们的晚年生活多一些幸福。

二孩政策的放开与落实,将一步步改善中国家庭当前的成员结构,使之更加合理化、人性化。从家庭幸福学的角度来看,拥有第二个孩子对于一个家庭中的每一位成员都是一个良性循环的起点,能够增强他们的幸福感,降低他们未来生活的挫败感。放开二孩生育政策，与更幸福的家庭生活息息相关。

06 "孩儿动力"没有看上去那么美

早在十余年前，就有相关人士预测中国将迎来新一轮"婴儿潮"，进而刺激新一轮社会经济发展。

所谓"婴儿潮"，是指在某一特定的时期和地区内，出生率大幅提升的现象。自新中国成立以来，已经历经了三次"婴儿潮"：第一次发生在 20 世纪 50 年代；第二次发生在 1962—1976 年，共持续 15 年；第三次发生在 1986—1990 年，共持续 5 年。通过分析各国的"婴儿潮"规律，据预测，我国的第四次婴儿潮将发生于 2012 年左右。然而，现实情况恰恰相反，2012 年我国的全年出生人口仅为 1636 万人，劳动年龄人口更是在这一年出现了负增长。

第四次"婴儿潮"的"爽约"让许多人措手不及，许多因为针对"婴儿潮"而提前投资奶粉行业、幼儿园的人表示"很受伤"。而从全社会来看，劳动人口减少、人口老龄化现象的加剧也为未来的经济发展罩上了一层阴霾。在这一现实状况下，政府果断放开了二孩生育政策，借此引领新一轮"婴儿潮"的出现，让"孩儿动力"成为中国未来经济发展的"发动机"。

那么，随着全面二孩生育政策的放开，"二孩红利"是否能够如人们预想的那样为社会、产业和家庭带来诸多好处呢？未必如此。目前来看，二孩政策带来的"孩儿动力"远没有看上去那么美。

第一，从人口红利来看，二孩政策并非是应对人口红利大门不断关闭的"灵丹妙药"。

一方面,由于受过高的抚养成本和长期的低生育思维影响,即便二孩政策全面放开,也不会即刻带来人口的大幅增长。早在单独二孩政策公布后,就有专家分析称,二孩政策的推行并不会刺激人口数量的大幅增长。而现实情况也印证了专家的观点,在单独二孩政策实施后,据统计,在全国共有1100万对夫妇符合条件,但最终提出申请的还不足100万例。

另一方面,新增人口成长为社会劳动力,至少还需要15年时间,在这期间仍然难以改变劳动年龄人口下降的趋势。而且,由于新生儿数量增加而导致社会抚养比例上升,社会抚养压力进一步加大,甚至还会在一定时期内加速人口红利的关闭。

而且,中国未来的经济发展不能仅仅依靠数量人口红利,而是需要转变为质量人口红利,进而带动人口红利向人才红利的转变。据调查研究显示,我国的劳动投入在1978—2012年间年平均增长达3.3%,其中数量变化对劳动力投入增长的贡献度为45%,质量变化对劳动力投入增长的贡献度为55%。由此可见,尽管我国在过去30余年劳动力质量有了显著提升,但仍有巨大的挖掘空间,用知识、技术、创新去武装我国的劳动力,由粗放式的经济增长转变为集约式的经济增长,才是唤起中国新一轮经济增长的主要动力源泉。

此外,二孩政策的实施还会带来一些潜在的隐患。一是为环境和资源带来新的压力,我国的环境问题日益凸显,各类人均资源也较为匮乏,而这些都和人口数量有着千丝万缕的关系,二孩政策带动人口进一步增长,环境和资源能否承载这一压力成为一个值得担忧的问题。尽管理论和现实都证明了,二孩政策的施行并不会带来人口总体数量的激增,但我国人口基数庞大,在当前超过14亿人口的巨大压力下,即便只是增速放缓,也仍然是一种沉重的负担。二是对社会保障体系提出了挑战,自改革开放以来,我国在经济建设中取得了长足进步,但由于基础薄弱,就社会保障体系的完备度与人性化来看,与发达国家还有着较为明显的差距,而人口数量过多带来的庞大社保压力,也是我国在社会保障水平上不及发达国家的重要因素之一。随着二孩政策带来的人口增长率回调,在新一轮"老龄潮"到来前建立起一个相对完善的社会保障体系就成为政府的迫切任务。

第二,从产业红利来看,二孩政策带来的产业机遇可能未必如人们想象中那样振奋。

首先需要明确的是,放开二孩生育政策带来的产业红利确实存在,国内外相关的"二胎概念股"大涨绝非空穴来风。但是,也需要冷静地看到,二胎产业红利的影响范围、影响深度和持续时间的具体表现如何,一切尚是未知数,而且还很有可能达不到相关产业者的乐观预期。

正如当初从非计划生育转向计划生育一样,如今从"一胎化"转向"二胎化"对于中国社会和中国家庭而言也将是一场巨大的生活观念和生活模式的转变,绝大部分人都需要一个反应和适应的过程,二孩政策不是"微波炉",不可能说热就热。二孩政策一定会为诸多产业带来直接或间接的消费潜力,但这一效应不可能即刻、大规模爆发,因此对于一些瞄准二胎产业机遇的投资者和产业从业者来说,如果过于冀望或依赖二孩政策带来的"产业红利",不理智地进行投资或发展,也有可能会因此受损。

"婴儿潮"出现的规模和时间的不确定性,只是制约二孩政策市场效应的因素之一,家庭经济的制约也会影响二胎产业红利的爆发。放开二孩生育政策会带来相关产业的消费潜力的增长,但并不会带来消费能力的提升。生养二孩对于绝大多数家庭来说都是一个较为沉重的经济负担,有限的资金被分摊到两个孩子身上,可能会促使他们更优先满足刚性需求,比如奶粉、日常用品等,而对于一些非刚性需求,比如增值服务、亲子游项目等,其消费欲望则有可能被抑制。因此,一些看似能够从二胎产业红利中受益的产业,未必会如预想中一样得到切实的消费量增长。在经济因素的制约下,产业红利的规模不可能同新生儿增长率成正比,如果一胎的产业红利是 100元,那么两胎的产业红利很有可能达不到 200 元。

二胎的产业红利是真实存在的,但同时也是虚实相间的,其中难免会存在人为的炒作和追捧因素。如果过于乐观地估计二胎产业红利的市场效应,盲目追求二胎产业红利的市场机遇,不合时宜、不合规模的产能扩张可能会在日后造成产能过剩的恶果。

第三,从家庭红利来看,二孩政策在带来幸福的同时也带来了压力。

家是国之根本,二孩政策在逐步改善国家人口结构的同时,也会逐步改善许多家庭的人口结构,进而为每一个家庭的生活状态带来了变数。

从物质上的影响来说,随着二孩政策的施行,在未来,中国"4+2"的养老结构有望得到改变,这会减轻年轻一代的养老压力,也能使上一辈的晚年生活更加幸福。但是,在二孩政策的家庭红利出现之前,抚养子女的压力却被提上了日程。在中国传统的"富养"观念下,抚养子女的支出在一个家庭的全部支出中占据着极大的比例,随着社会竞争的激励和生活压力的加大,家庭对子女抚养的支出更是节节攀升。二孩的出现,有可能使家庭的抚养成本直接翻倍,这无疑会带来巨大的经济压力。

从精神上的影响来说,小孩数量的增加自然会为一个家庭带来更多的欢乐,特别是在国内以小孩为中心的家庭构成和家庭氛围下,两个小孩要比一个小孩更能给长辈带来精神上的慰藉。而且,两个小孩在成长过程中相互陪伴、相互扶持,对于他们各自的人生道路都大有裨益。不过,抚养两个孩子对于父母们来说,不仅要考验"钱包",还要考验精力。特别是在年幼时,同时抚养两个孩子会让许多人手忙脚乱、担忧焦虑。同时,父母们还要在子女的不同成长阶段中深入不同孩子的心理世界,这也会成为一项艰巨的任务。

所以,二孩政策带来的人口红利、产业红利和家庭红利确实存在,对于未来社会经济的发展以及家庭生活的和谐化都能够产生有益的影响。但是,对于"二孩红利"不可盲目迷信,在红利真正兑现之前,还存在许多相关的问题需要探讨和解决。无论是国家、产业还是家庭,都不能一味依赖"二孩红利"的自发作用,而是要冷静看待、科学分析、积极引导,最大限度地借势"孩儿动力",而不是任由其"自生自灭"。

07 "全面放开二孩",生还是不生?

"全面放开二孩"的政策一出,并未如预期般引来公众的一致叫好,而是"几家欢喜几家愁",实际的二胎申报量也远远低于预估量。在各种现实因素的影响下,究竟生不生二孩,让许多父母纠结万分。

根据央视市场研究的调查结果,男性生育二孩的意愿相对比女性强,男性中有生育二孩意愿的占比49.1%,女性中有生育二孩意愿的占比41%。而从整体来看,愿意生育二孩和不愿意生育二孩的人群比例几乎持平。有45%左右的受调查人群表示愿意生育二孩,他们普遍认为有两个孩子的话,彼此之间不会孤独,溺爱现象会有所减缓,这有利于孩子的成长。有40%左右的调查人群表示不愿意生育二孩,其中生活压力大、时间和精力不足、担心孩子彼此竞争等是最为主要的原因。

对于不同年龄段的夫妇来说,对于生不生二孩也有着各不相同的纠结原因。对于70后的大龄父母来说,如果选择生育二孩,要面临着高龄孕妇的风险、抚养压力大、两个孩子年龄差距太大等问题;如果选择不生育二孩,则可能会错过拥有第二个孩子的最后机会,再后悔就来不及了。对于80后、90后的年轻父母来说,如果选择生育二孩,可能就会面临抚养四位老人和两个孩子的局面,生活压力将超乎想象;如果选择不生育二孩,又担心小孩将来和自己一样面临独生子女成长过程中的种种尴尬。

除了以上这些主观因素外,客观因素的限制也成为许多父母对生育二孩有所顾忌的原因。在国内,受限于庞大的人口压力和经济发展的不成熟,许多公共资源较为匮乏,很难满足所有人的需要。就拿与子女成长关系最为紧密的教育资源和医疗资源来说,当前的"上学难"和"看病难"已经成为普遍的社会问题,"彻夜在幼儿园门口排队","在医院花数小时等待叫号"都已成为非常常见的现象。如果新生儿数量进一步增加,自己的孩子在将来能否获取最好的教育资源,能否享受到最好的医疗保障,都让父母们忧心忡忡。

生育孩子,对于一个家庭来说算得上"头等大事",而在各种主观和客观因素之下,是否要生育二孩,更是一个需要慎重考虑的问题。面对"生与不生"的艰难选择,每一个父母都应该先认真思考以下几个问题后再做出决策。

问题一:物质上和精神上都准备好了吗?

如今,生育孩子的成本越来越高,央视曾推出的一个专题报告中称,在北上广三大城市中,生一个孩子需要准备276万元,尽管这不是一个绝对的数字,但也可以看出,如今生育孩子实在是太"贵"了。

在孩子出生之后,一连串账单更是会接踵而至,奶粉、月嫂、早教、学区房……随着需求的高涨,相关行业的收费标准也是水涨船高。如果生的是男孩,那么还要提前考虑孩子未来的婚房、聘礼等问题。如果两胎都是男孩,那么恐怕父母就要为此多奋斗好多年了。还有一些父母认为,与其生育二孩,还不如拿生二孩的钱全力培养一个孩子。

除了物质上的准备外,精神上的准备也不可或缺。对于70后的大龄父母来说,如今是否还有足够的体力和精力去"从头开始"抚养一个孩子,是需要慎重考虑的。而对于 80 后、90 后的年轻父母来说，可能要面临同时抚养两个孩子的状况，是否有时间、有能力照顾周全，也是需要静下心来想一想的。

生育二孩毕竟不像上街买东西，不能仅凭一时的喜好或愿望轻率地决定，认真评估一下自身在物质上和精神上能否满足抚养两个孩子的需求后，再做决定也不迟。

问题二：各项环境条件齐备了吗？

从家庭来看，生育二孩一定要取得全体成员的"全票通过"，不仅包括长辈、夫妻之间，还需要考虑到家中大宝的想法。许多父母认为生二宝对于大宝的成长也有很大帮助，因此选择生育二孩，但现实情况却未必同预想的那样简单。曾经有许多极端的新闻报道：因为生育二宝，老大自杀，或是老大逼迫母亲堕胎，或是老大将老二从阳台上扔出……尽管这些极端报道仅仅是极少数现象，但也仍需各位父母予以重视。大宝是否同意父母给自己生育弟弟妹妹，父母能否在日后做好孩子的安抚工作，都是要提前有心理准备的。

还有当两个孩子年龄相近时，难免会出现争执与矛盾，父母能否做到公平对待，不偏不倚，第一时间协调好双方关系，避免孩子之间矛盾的升级，也是需要注意的。如果父母因时间、精力等问题对子女关怀度不够，反而不利于他们的成长。

从外部环境来看，自己的常住区域内是否有充足的教育资源、医疗资源等，也是需要关注的问题。公共资源的丰富程度很难在短时间内因个人意愿而改变，如果公共资源不足，那么生育二孩只会使两个孩子都更难享受到良好、充分的社会福利。

问题三：未来规划想好了吗？

对于许多尚在为事业打拼的夫妇们来说，可能还要面临二孩和事业的艰难选择。特别是对于一些事业心强的年轻妈妈们来说,一旦生育了二孩,自己今后可能会在很长一段时间内转型为全职太太,追寻事业梦想的大门可能会就此关闭。有些人会说,生完孩子后可以继续去追求事业,但现实情况却很难如愿。绝大多数父母都希望能够自己亲手带孩子,这样比较安心,也能使孩子从小得到最好的照料,这样自己工作的时间就会大幅压缩。而且妈妈们在怀孕期以及孩子较小时,几乎是很难兼顾事业的,即便待孩子成长后自己又重获了"自由",由于事业"断档",也很难再回归到一个良好的发展弧线了。而事业的断档会缩减家庭的收入,孩子的出生又会加大家庭的支出,在经济上是否能够承担,也值得每一位父母注意。

虽然生育二孩潜藏着许多"挑战",但是如果各方面的条件都比较完善,生育二孩仍不失是一个好的选择。正如有些人所说:"生育二孩就是用 3 年的辛劳去换取 30 年的幸福。"等到一双儿女不断成长,家庭收获的幸福感也会与日俱增。

所以,面对全面放开的二孩生育政策,究竟是生还是不生,关键还是要根据各自家庭的实际情况进行选择,盲目跟风绝不可取。如果确实感到"压力山大",那么不生育二孩,全心全意陪伴一个孩子成长也不失为一个好的选择。在"抗压"能力不足的情况下生育二孩,比起幸福的未来,可能会感受到更多的现实负担,这也有悖"追求幸福"这一生育二孩的根本目的。

PART 2

家庭"二孩经济学"

二孩政策的放开是来自国家的行动，但是否要生养二孩，又要如何抚养二孩，归根结底还是每一个家庭的事情。虽然抚养二孩不仅仅是"钱"的事情，但不可否认的是，二孩的出生和成长，必然会给"家庭经济"带来诸多全新的挑战。

第 2 章

经济准备： 不得不算的"二孩账"

自二孩政策放开后，许多父母出于各种考虑，主动或被动地将生育二孩纳入了自己的人生规划。然而，摆在眼前的现实情况却是：养育一个孩子的经济压力就已经十分巨大了，如何承担生养第二个孩子的经济压力？经济因素几乎成为每一个有意愿生养二孩的家庭首先要考虑的因素。对于父母们来说，应当密切关注二孩的"经济账"，考虑到生养二孩对现有生活开支的具体影响，做好必要的经济准备。

01 经济自测：你适不适合生二孩？

随着二孩政策的全面放开，许多想要第二个孩子的家庭开始"蠢蠢欲动"。然而，无论"全面放开二孩生育政策是拉动经济的良药"还是"全面放开二孩生育政策能够解决人口老龄化和劳动力短缺的问题"，都只是专家就二孩的社会意义的探讨。究竟要不要生二孩，具体到每一个家庭，还是要看自身的经济状况。

在此,我想提醒各个想生育二孩的家庭,别着急,在决定是否要生育二孩之前,先对自身做一个简单的经济自测,检验一下自己是否有足够的经济能力养育两个孩子。

问题一:夫妻双方其中一方的收入是否能够超过居住地月平均工资 10 倍以上?(假如居住地月平均工资为 3000 元,则夫妻双方应有一方月收入超过 30000 元)

如果答案是"Yes",那么恭喜你,你的家庭已经具备足够的经济能力在当地养育两个孩子。而且,即便夫妻双方其中一人辞职在家照顾孩子,凭借另一人的高收入也能够支撑整个家庭的经济状况。

如果答案是"No",那么请根据下一个问题再次进行评估。

问题二:夫妻双方的月收入之和是否能超过居住地月平均工资 6 倍以上?(假如居住地月平均工资为 3000 元,则夫妻双方的月收入之和应超过 18000 元)

如果答案是"Yes",那么只要精打细算,你的家庭应该还是具备在当地养育两个孩子的经济能力的。不过相对来说,夫妻双方没有太高的承受经济风险的能力,也不会有太多的闲暇时间,需要将大量的精力投入当前的工作或事业中。

如果答案是"No",那么请根据下一个问题再次进行评估。

问题三:夫妻双方的月收入之和是否能超过居住地月平均工资 4 倍以上?(假如居住地月平均工资为 3000 元,则夫妻双方的月收入之和应超过 12000 元)

如果答案是"Yes",如果你的家庭确实非常想拥有第二个孩子,那么在这种经济条件下,还是可以选择"挑战"一下,只要夫妻双方能够同心协力,专注于自己的工作,经营好自己的事业,并认真严格地把控家庭收入和支出,同样有能力养育好两个孩子。

如果答案是"No",那么很遗憾,以你们目前的经济能力,可能确实很难在当地照料好两个孩子,供他们健康、快乐地成长。将有限的资金用于培养好一个孩子,可能是更加实际的选择。

以上三个问题是从基本的收入来评估自己是否具备生育二孩的经济能力,但仅仅如此是不全面的,还有许多"附加因素"会影响到家庭在养育两个孩子时的实际经济能力。

问题四:你的家庭是否背负着房贷、车贷等高额贷款?

你的家庭拥有远超居住地平均收入的经济水平,是否就代表一定能毫无压力地生育二孩了呢?未必如此。除了收入之外,还必须考虑到支出的问题,其中特别要注意的就是,家庭是否有较大的贷款压力。假如夫妻双方的月收入总和达到了12000元,但是每月要偿还的房贷、车贷等却超过了四五千元,那么就很难有足够的余裕去抚养好第二个孩子了。所以,在收入状况满足条件的情况下,还需要确保家庭没有背负上庞大的"债务",没有除了基本生活开支外的巨大花费。

问题五:夫妻双方的父母们能否提供一定的经济援助?

如果夫妻双方的父母们能够在照料好自己生活之余,还能提供一定的经济援助,那么生育二孩的经济压力便能大大降低。特别是当双方都是独生子女且双方父母都能够提供经济支持时,就相当于六个人养育两个孩子,即便夫妻双方当前的收入有限,也同样有经济实力去照顾好整个家庭。

相反,如果夫妻双方的父母都无法提供金钱上的支持,而且都需要照料,那么夫妻抚养两个孩子之余还需要赡养四位老人,经济压力反而会急剧增加。

问题六:你的第一个孩子是男孩还是女孩?

你的第一个孩子是男孩还是女孩,也会在一定程度上影响未来的经济压力。在传统的社会习俗下,男孩在成长过程中的花费可能要高于女孩,我们经常在开玩笑时说，生男孩是"建设银行"，生女孩是"招商银行"。如今男孩长大结婚，新房大多都是父母资助，而一套房子对于一个普通家庭来说可能需要奋斗一生。如果第一胎是男孩，第二胎又生了一个男孩的话，就相当于在未来多了两套房的压力，这是需要父母在决定生育二孩前好好掂量一番的。

问题七：你的第一个孩子现在多大？

第一个孩子的年龄也会影响家庭阶段性的经济压力，如果你的孩子正处于"特殊时期"，比如需要出国留学、刚刚步入社会、准备结婚等情况，往往需要父母进行资助，那么此时再生育二孩无疑会进一步加大经济负担，对于普通家庭来说可能是"雪上加霜"。但如果你的孩子年龄尚小，还未入学或是刚刚上小学、初中，这个阶段的花费相对较少，在条件允许的情况下可以考虑生育二孩。

总而言之，在决定是否要生育二孩之前，必须要事先算笔账，仔细考察当前家庭的收入与支出状况，考虑到多一个孩子后对家庭当前经济状况的影响，考虑到其他因素是否有利于生育二孩。经济条件越是宽松，生育二孩面临的压力就越小，而在孩子成长的过程中，父母不仅能够为其提供更为优越的物质环境，也有更多的闲暇时间去丰富他们的精神生活。

02 在中国，生养二孩要花多少钱？

面对二孩政策的放开，各个家庭可谓是"几家欢喜几家愁"，而最为现实的问题莫过于"囊中羞涩"。"如今一个孩子都难养，更何况是两个？"可谓是戳中了许多想要生育二孩的父母们的痛点。那么，在中国，生养二孩究竟要花多少钱呢？真的需要许多父母为此踌躇不定吗？

自二孩政策开放后,网上出现了这样一个国内城市生育成本的排名(见表2-1)。

表2-1　国内城市生育成本排名

排 名	城 市	生育成本(万元)
1	北京	276
2	上海	247
3	深圳	216.1
4	广州	201.4
5	杭州	183.2
6	南京	170.1
7	武汉	160.6
8	青岛	152.6
9	西安	142.5

面对这样一份统计数据,许多人的第一反应可能就是"贵"。在北上广深等一线城市,生育一个孩子的成本居然高达200万元以上,北京市更是直逼300万元!以上数据也许并非十分确切,但也在一定程度上反映了一线城市育儿的经济压力。粗略地估计一下,一个小孩从出生到长大成人,吃穿住行玩等基本费用暂且不算,仅仅教育费用这一项,就包括了早教费、托儿费、兴趣班费、择校费、学杂费、补课费等等,逐一算下来,总花费让人咋舌。

可能有人会提出疑问:如今养一个孩子真的需要如此高昂的花费?由于孩子的成长是一个漫长的过程,因此许多花费确实不容易统计,但我们只要对孩子成长过程中的一些基本的、占比较大的花费进行剖析,就会发现养孩子确实是一笔"大额投资"。

让我们做一个粗略的计算。在怀孕期内主要会产生以下费用:孕前检查5000元左右、孕妇服装4000元左右、营养健康品5000元左右、住院生育费用6000元左右,总计2万元左右。如果需要请月嫂帮忙,那么支付月嫂两个月的工资又需要 1.5 万元左右。仅从怀孕到孩子出生为止,就需要花费两三万元,而随着孩子出世,庞大的养育费用也会接踵而至(见表 2-2)。

表 2-2　生育二胎花费明细

年龄段	花费类型	花费项目	花费金额
新生儿阶段 0～3 岁	饮食	前 6 个月:每月 500 元	3.6 万元
		6 个月后:每月 1500 元左右	
		1～3 岁:每月 1000 元左右	
	教育	早教班:每年 2 万～3 万元	6 万～9 万元
幼儿阶段 4～6 岁	教育	幼儿园:每年 1 万～4 万元	5.4 万～16.5 万元
		兴趣班:每年 0.8 万～1.5 万元	
	娱乐	旅游:3 年共 0.5 万元	1.5 万元
	生活	吃穿:3 年共 1.8 万元	1.8 万元
小学阶段 7～12 岁	教育	公办学校:6 年共 2 万～3 万元	5 万～20 万元
		民办学校:6 年约 15 万元	
		兴趣班、补习班等:6 年约 3 万～5 万元	
中学阶段 13～18 岁	教育 (初中)	不择校:4 万元	4 万～25 万元
		择校:8 万～25 万元	
	教育 (高中)	不择校:4 万元	4.5 万～26 万元
		择校:8 万～25 万元	
		其他花费:约 0.5 万～1 万元	
大学阶段 18～22 岁	教育	4 年约 15 万元	15 万元
深造阶段 22 岁以后	考研、留学	视情况 15 万～80 万元不等	15 万～80 万元
总计		61.8 万～198.4 万元	

如表 2-2 所示,自孩子出生直至其走入社会,仅饮食、生活、教育等必要

项目的花费,少则 60 万元,多则 200 万元,这尚不包含医疗花费、结婚花费等。下面我们对上表中的一些数据进行详细的解析。

新生儿阶段(0~3 岁):

孩子在 1 岁以前的饮食主要以奶粉为主,或是采用"母乳＋奶粉"的喂养方式,如今吃纯母乳长大的孩子较少,在大中城市中更是少见。如果全部采用奶粉喂养,奶粉的消耗量是很大的,婴儿出生后的前 6 个月,每月至少要吃掉两罐奶粉,如今许多品牌奶粉每罐的价格都在 200 元以上,因此这一阶段的婴儿每月都要花费 400~500 元。6 个月以后的婴儿由于食量增大,再加上营养方面马虎不得,因此饮食花费会进一步攀升,每月需要 1500 元左右。而 1~3 岁的婴儿,由于可以食用更多的辅食,饮食费用会有所降低,每月在 1000 元上下。因此,0~3 岁的婴儿,仅饮食方面就要吃掉将近 4 万元。

如今,越来越多的家长开始重视孩子的早期智力开发,在北京、上海等一线城市,许多家庭会在孩子仅 6 个月大时就将其送到早教班学习。而大城市中的早教班价格不菲,一年的费用能达到 1.5 万~2 万元,再加上给孩子购买的一些智力开发玩具、用品等,会轻松突破 5 万元。

这一阶段的育儿花费,可能还会涉及保姆费用,特别是夫妻双方的工作都比较忙碌,老人也无力照料两个孩子时,聘请专职保姆是必要的选择。而在一线大城市中,住家保姆的月工资至少在 4000 元以上,一年的支出就将近 5 万元。如果请保姆一直照料婴儿直至上幼儿园,这部分花费肯定会超过 15 万元。再加上尿布、衣物等其他费用,新生儿阶段的花费会更多。

幼儿阶段(4~6 岁):

从这一阶段开始,孩子的饮食费用会有所降低,而教育费用开始占据主要位置。如今,幼儿园的学费也是水涨船高,如果有机会进入公办幼儿园,那么花费的学费可能较少,但如果选择民办幼儿园,每年的费用可能会在 4 万元左右,3 年下来将达到 12 万元。

在这一时期,许多家长又会给孩子报兴趣班,比如舞蹈、钢琴、声乐、围棋、足球、英语等,而这些兴趣班的花费同样不菲,平均每年需要 0.8 万～1.5 万元不等,三年下来也将达到 3 万～5 万元。

随着孩子能够独立行动,许多父母也会将孩子带到户外参与一些活动,比如外出旅游、参观博物馆、动物园等,即便按较低的频率算,3 年下来也需要 1.5 万元左右。最后还有孩子的饮食、穿衣等花费,以一个月 500 元计算,三年也需要 1.8 万元。

小学阶段(7～12 岁):

当孩子到了上小学的阶段,学校的选择同样会给之后的教育花费造成很大的影响。如果选择公办学校,那么每年的学杂费等只需要 5000 元左右,6 年下来也不过是 3 万元。但如果选择民办学校,那么每年的学杂费可能会突破 2 万元,6 年下来将会在 15 万元左右。再加上孩子要参加一些兴趣班、补习班等,6 年下来又需要 3 万～5 万元的花费。因此,在这一阶段,仅教育费用就会达到 6 万～20 万元不等。

中学阶段(13～18 岁):

6 年小学时光过完,紧接着又是 6 年中学时光,而教育费用也会进一步攀升。无论孩子上初中还是高中,都会面临择校的问题,如果想要选择更好的学校,往往也需要支付更高的费用。初中阶段和高中阶段的学费基本持平,如果不择校,那么初中和高中分别需要 4 万元左右;而如果择校,那么初中和高中可能分别需要 8 万～25 万元。

而在高中阶段,孩子的学习压力最大,为了给孩子提供更好的学习环境,父母可能还会购买电脑、教材及其他学习辅导工具,再加上孩子的其他兴趣需求,又会花费数万元。

大学阶段(19～22 岁):

在孩子考上大学后,4 年的学杂费加生活费大概需要 15 万元。如果上的是民办高校或艺术类专业,那么学费和其他支出还会有所增加,总费用将达到 20 万元以上。

深造阶段(22 岁以后):

上完 4 年大学后,孩子未必会直接踏入社会,可能还会选择继续深造。根据个人情况不同,有人会选择考研,有人会选择出国留学,而产生的费用也会有很大的波动,少则 15 万元左右,多则在 80 万元以上。

将孩子从出生到踏入社会的各个阶段中的主要花费相加,可以说 60 万~200 万元的总开销是有依据的。再加上医疗花费,以及为孩子提供更好的物质生活条件,生养二孩的花费只有可能高于以上的计算。

而且,以上的费用都只是按照目前的市场行情做出的计算,考虑到通货膨胀因素和教育、医疗费用上涨的趋势,实际所产生的花费可能会更加惊人。

03 要生二孩,先学会"省钱"

既然生育二孩伴随着巨大的经济压力,那么有没有好的方法减轻这一压力呢?这就要求父母们在努力挣钱的同时,还要学会处处"省钱",降低养育二孩的支出成本。孩子是父母的心头肉,每一个父母都希望竭尽所能为孩子提供最好的物质条件,但是这种"富养"未必就是好的抚养方式,有时候巧用一些"省钱妙招"能够在有效降低支出的同时更有利于孩子的成长。

1. 吃穿玩,省钱环节无处不在

奶粉费用是婴幼儿花费最大的费用之一,每月的费用都在四五百元以上,对于一些选择昂贵品牌奶粉的家庭来说,婴幼儿可能每月要吃掉上千元。然而,即便是多么名贵的奶粉,在效果上也很难比得上母乳喂养,所以,对于条件允许的妈妈们来说,对婴儿最好采用母乳为主的喂养方式,既能节省开支,又有助于婴儿的成长发育。

除了奶粉外,纸尿布是另一项比较大的开支,日常消耗量极大。不过,纸尿布也有一大特点,就是保质期足够长,基本能够达到3～5年,因此想要节省尿布的开支,可以采用大规模集中购买的方式,在遇到商场纸尿布折扣优惠时大量购置,以备不时之需。

婴幼儿生长发育较快,因此衣物也会更换得较为频繁,许多父母喜欢为婴幼儿购置各类新衣物,这实在是一种浪费,因为可能穿不了几个月就再也没有用武之地了。父母们完全可以将"大宝"以前穿过的衣物拿出来给"二宝"穿,或者留意向周围的亲朋好友讨要一些,也可以去专门购置一些二手的婴儿衣物。有些父母可能对购买二手衣物有排斥感,认为省不了多少钱,还感觉亏待孩子。其实,给婴幼儿穿二手衣服不仅仅是省钱,还有益于孩子健康。如今许多衣物,特别是深色衣物,可能含有大量有害的挥发性物质和重金属,比如甲醛、铅、镉等,大人抵抗力较强不会受到影响,但对婴幼儿难免会有害处。而二手衣物经过长期的水洗和日晒,有害物质早已挥发殆尽,给婴幼儿穿反而更放心。

玩具是另外一项可以节省的开支,相较于吃和穿,玩具并非必需品,不过许多父母认为,给婴幼儿买玩具不仅能让他/她开心,也有益于其早期智力发育。实际上,0～2岁的婴幼儿对于玩具并没有太强的分辨能力和选择能力,他们只是有着天然的好奇心,所以即便不为他们购买一些高价玩具,仅仅是送给他们一些色彩鲜艳的气球、积木等,他们同样会很开心。至于一些宣称能够开发智力的玩具就更"玄乎"了,效果根本无法保证,完全可以不去花费这笔"冤枉钱"。

2. 做孩子的"健康专家"

孩子生病,不仅让父母们揪心,也让父母们的钱包"揪心",不过生病了就要治,医疗费用怎么能省呢? 其实,一个被忽视的省钱妙招就是父母通过科学合理、无微不至的照顾让孩子少生病,既免除孩子被病痛折磨,也节省了医疗开支。

然而,现在许多父母对照顾孩子的常识知之甚少,很多时候都是按照自己的一厢情愿去做,最终的结果就是让孩子的抵抗力越来越弱,"三天一小病,五天一大病",不仅不利于孩子的健康成长,"银子"也大把大把地流走了。比如,有些父母或长辈,只要天一冷就急忙给孩子加衣物,生怕他们冻着,这非但不利于激发孩子的抵抗力,反而可能更易生病。其实大一点的孩子都比较好动,如果穿多了,一动就出汗,不及时擦干的话是很容易感冒的。

其实,科学合理地照顾新生儿,最好的方式就是以新生儿的感受为标准,以不断增强新生儿的抵抗力为目标,不要受固有的育儿思想影响,将自己的感受或经历复制在孩子身上。俗话说"春暖秋冻",如果从小注重这些细节的话,就能够有效提高孩子的抗暑抗寒能力。

不过,即便照顾得再周到,也难保孩子一直不生病。当孩子生病后,父母也不要慌乱,不要急忙送大医院检查、就医,只要不是什么大毛病,比如日常生活中的感冒、咳嗽之类的,去社区医院配点药就完全可以治愈。如果孩子染上一点小病就去打针、输液,不仅花费高昂,也不利于孩子抵抗力的提升。但这也要求父母勤于观察、善于总结,要了解孩子的身体状态,能够准确区分孩子是染上了"小病"还是"大病",免得小病被过分重视,大病却被忽视。

3. 亲力亲为,做好早教工作

早教班的花费也是一笔庞大的开支,每年 2 万~3 万元的学费对于普通家庭来说无疑是一种庞大的压力。不过,且不说早教班对于孩子的智力发育和今后的学习是否有影响,问题在于许多父母关于孩子早教的观点是完全错误的。有许多父母完全是抱着"跟风"心态,看到其他孩子去上早教班,担心自己的孩子落于人后而匆匆报名,完全是在花钱"买"教育。这种把孩子"丢"给早教老师就万事大吉的心态,必然无法取得很好的结果。

人们常说,父母是孩子的启蒙教师。早教班的水平再高,孩子的早期教育也离不开父母的影响。所以,对于孩子的早教,父母最好能够亲自进行。即便没有时间全天候地去教育孩子,也应尽量采取"早教班＋家庭辅导"的方式,让孩子尽快"脱离"早教班,这样不仅能节省一大笔开支,也能让孩子有时间去享受快乐的童年。

4. 培养节俭勤奋的好孩子

最后一个省钱妙招,就是培养节俭勤奋的好孩子,这不仅能让父母省钱,更能让父母省心。如果孩子不懂事,到处闯祸,不仅需要父母"花钱消灾",还要整天担惊受怕。如果能尽早培养孩子的自主自立意识,甚至让他们做一些简单的家务,让他们自己能够照顾好自己,不仅能尽快节省聘请保姆的开支,还有助于培养孩子今后的独立生活能力。

孩子慢慢长大、走入校园后,可能会产生攀比心理,如果能在孩子小时候就培养其勤俭节约的意识,孩子可能就不会整天缠着父母要求"买名牌"。即便家里再有钱,也不应该纵容孩子乱花钱,我国有"富不过三代"的说法,如果孩子从小养成铺张浪费的坏习惯,绝对不利于其今后的成长成熟。

所以,父母应当在物质上"穷养"孩子,不纵容其养成奢侈浪费的坏习惯,勤俭节约的美德永远都不会过时。另一方面,父母也要在精神上"富养"孩子,让孩子多看书、多动手,引导他们去思考和认识世界,使孩子顺利成长。

在育儿上省钱,绝对不是代表小气或是对孩子不上心,而是一种能够提高效率和品质的生活方式,是让孩子在生理和心理上更好地成长,让父母与孩子相处得更加融洽的一种途径。盲目地在孩子身上"砸钱"未必就真的对其有益处,少投入一些金钱,多投入一些关心,能够让孩子、让自己都能拥有一个健康快乐的生活旅程。

04 为二孩，打赢理财攻坚战

二孩的出生，会彻底打乱家庭现有的财务规划，因此，对于有意生养二孩的父母们来说，务必在二孩出生之前就对今后的家庭财务规划做好相应的调整工作。精明的父母，必须时刻准确地掌握家庭收支状况，了解钱够不够花，钱应该往哪里花，而不是稀里糊涂地过日子。

那么，在现有的经济基础下，父母们要如何运用好各类理财知识，打赢家庭理财攻坚战呢？

1. 提高应急准备金比例

对于普通的工薪阶层家庭，通常应当将 3～6 个月的家庭总支出作为应急准备金，以应对各种意外状况。（假如家庭月平均支出为 5000 元，那么应当常备 1.5 万～3 万元作为应急准备金。）但是对于拥有两个孩子的家庭来说，由于家庭支出提升，因此需要将紧急备用金的比例提高一倍，增加至 6～12 个月的家庭总支出，以提高家庭整体资金的流动性。考虑到两个孩子可能出现的各类意外支出也会增加，比如遭遇重大疾病或意外事故等，最好能够再准备一张额度较高的信用卡，确保紧急时刻万无一失。

2. 保险不可忽视

生了二孩后，意味着父母的经济负担和抚养责任都进一步加大，如果夫妻双方中的任何一人患上了重大疾病或遭遇了不幸意外，都将给子女将来的成长环境带来巨大的风险。所以，二孩家庭必须要时刻审视家庭保障是否足够充分，特别是那些只有夫妻一方担任经济"顶梁柱"的家庭，更是要做好充分的防范措施。

预防意外事故给家庭经济造成不可避免的打击，最好的方法自然是购买保险。在国内，普通家庭购买保险的意识和意愿都不强，认为买保险"浪费钱"或是"不吉利"。不过，一旦遭遇不幸事故，一份高额保险还是能够让你得到必要的补偿，帮助家庭摆脱困境。

一般来说，夫妻双方购买的意外险和寿险的保额最好能够达到家庭年收入的 10 倍或家庭年支出的 15 倍以上，这样能确保夫妻一方不幸离世或是失去劳动能力后，另一方也有足够的经济能力将两个孩子抚养成人。从之前的计算中我们得知，在大城市中抚养一个孩子长大成人的总支出大致在 60 万～200 万元，这意味着将两个孩子都拉扯大，平均也需要 200 万元以上。因此，夫妻双方的投保总额，最好能够达到 200 万元。

除了意外险和寿险外，重大疾病险对家庭来说也是一项重要险种。在医疗费用不断攀升的当前，最好投保最高保额 30 万元的重大疾病险，这样即便疾病风险不幸降临，也能提高经济承受能力。

如果夫妻双方的收入水平较高，那么可以考虑将年收入的 5％～10％用以购买储蓄型寿险，在获得经济保障的同时，也能提前布局以后的养老金。而对于手头不宽裕的家庭，则可以选择费用较低的消费型保险，每年定期支付，最好持续到能够还清房贷或是第二个孩子能够实现独立生活。

此外，在我国许多地区，还有针对婴幼儿或中小学生的少儿互助保险基金，当孩子不幸患上重大疾病时也能在经济上得到支持。除了一些基本险种或针对性的优惠险种外，一般家庭也没有必要购买过多的保险，以减少无谓的家庭支出。

3. 准备好两份教育金

作为一种长期的资金投入，国内教育金的主要选择方向有长期国债、子女教育保险、教育信托、基金定投等。

长期国债的优点是收益稳定、风险极低，但是其增值保值效果不太理想,尤其是在当前的高通胀环境下,比较适合一些收入较高、对投资增值要求不高的家庭。

子女教育保险的优点在于其强制储蓄机制,可确保教育金的储备计划不被其他因素干扰,确保教育金储备的成功率。另外,教育保险还拥有保费豁免条款,万一夫妻双方丧失工作能力,在可免缴以后各期保费的同时保证合同持续有效,避免家庭陷入经济危机。其缺点则同样在于投资回报率比较低下。

教育信托在内地的发展尚处探索阶段,没有广泛普及,有条件的高收入家庭可考虑到港澳地区进行配置。

基金定投相对来说是一种平衡性较好的教育金投资方式。对于风险承受能力较高的家庭,可考虑多配置股票型基金,以锁定更高的未来收益;而对于风险承受能力较低的家庭,可考虑多配置债券型基金,以确保资金安全。另外需要注意的是,父母对两个孩子应当一视同仁,不应因经济条件限制或孩子学力程度高低而厚此薄彼。最好能够为两个孩子准备专门的账户,专款专用,避免出现家庭内部矛盾,也有助于从小培养孩子的正确理财观念。

4. 做好职业生涯规划

有意愿和条件生二胎的父母,一般来说正处于事业的上升期或黄金期,不过二孩的出生势必会对夫妻双方的事业造成影响。因为抚养两个孩子肯定需要更高的收入,而照顾两个孩子又要花费更多的时间和精力,可谓是鱼和熊掌不可兼得。

在这种情况下,一般有以下两种选择。一种是较低收入的一方暂时放弃职场,全力在家照顾孩子。而对于另一方来说,这意味着经济压力进一步增大,必须要重新做出职业生涯规划,是努力谋求职位迁升,还是转行、跳槽,或是做其他副业增加收入,这都需要慎重做出选择。另一种则是夫妻双方都维持现状,不过这就意味着需要聘请保姆来帮忙照料孩子,这样可能会进一步增加支出,因此需要衡量利弊,做出最适当的选择。

5. 适度削减非必要开支

想要生养二孩的父母,可能有一大部分都是 80 后,甚至是 90 后,这些年轻一代的父母们由于自小的物质生活就相对丰富,因此比较注重生活品质,在一些非必要消费上也较为冲动。不过为了养育两个孩子,父母们必须有更高的责任心,把钱用在刀刃上。

对于休闲娱乐等非必要支出,最好控制在家庭总收入的 20% 以内,而家庭的总支出最好不要超过总收入的 50%,节省下来的钱尽量都拿去投资,以求保值增值。平时喜欢外出吃饭的可尝试多在家做饭,喜欢上电影院的可以选择多在网上在线或下载观看,喜欢逛商场的可以选择在淘宝上以低价购物。只要能多控制一下消费欲望,许多钱还是可以省下来的。

对于一些必要支出,也应该做好规划而不是盲目投入。比如,不要一味地选择昂贵的私立学校,这样未必一定对孩子的学习有帮助。对于补习班,也应当有的放矢,而不是见一个报一个。

如果条件允许的话,可以考虑购买一辆车,这样无论是带两个孩子外出旅游还是送两个孩子上下学都会便利许多。如果对孩子的教育资源确实有高要求,也可提前购买学区房,只需要一次投资,两个孩子都能享受到优质的教育资源。

6. 投资理财增加被动收入

拥有两个孩子会大大增加家庭支出,那么如何以现有的条件创造更多的收入呢？只靠努力工作绝非良方,最好的方法还是要通过投资理财增加被动收入,让闲散资金去“工作”。不要把银行储蓄作为唯一的投资理财渠道,过低的回报率只会使你的资金在通胀环境下不断缩水。应当在风险承受能力允许的范围内尽可能选择高收益投资,这样才能有效地为你分担压力,比如一种年回报率为 12% 的投资项目,如果你投入一年工资收入,那么一年后就相当于多了一个月的工资,收益显著。关于家庭投资的方式选择、理财技巧和注意事项等,将在下一节进行详细阐述。

05 做好投资,让"财富增值"

"你不理财,财不理你。"无论是对于普通家庭还是富裕家庭来说,投资理财都是实现财富增值的最佳选择。随着我国市场经济的开放和金融体系的不断成熟,投资理财不再是一项神秘的事物,而是走进了"寻常百姓家",任何人都可以选择适合自身条件的投资渠道,实现财富增值。而对于那些想要生养二孩的家庭来说,更是要早早地规划好投资,既要应付当前的各项花费,也要为孩子的未来提前做好准备。

那么,在国内的金融市场中,究竟有哪些常见的投资渠道呢?

1. 银行系投资

银行是每一个人都经常接触到的金融机构,因此也成为许多人最普遍的投资选择渠道。那么,在银行中能够进行哪些投资呢?

最为普及的恐怕就是银行存款,在传统的储蓄思维影响下,在银行存钱定期获取利息是许多人处理"闲钱"的方式。但是,在持续走低的市场利率和不断持续的通胀环境下,银行存款实际上并非一种好的投资选择。活期存款尽管灵活性较高,但是利率实在太低,基本不可能跑赢通胀率,所以进行活期存款只会让你的财产不断缩水。而定期存款虽然利率相对较高,但灵活性又很差,如果家庭急需用钱便会有许多不必要的麻烦。不过银行存款并非一无是处,其胜在安全性高、门槛低,因此对于一些资金充足或是缺乏理财经验的家庭,也可以考虑配置一部分定期存款,以备将来支取使用。

另一种常见的银行投资工具是银行推出的各类理财产品,这类投资工具的收益率相对较高,表现较好的银行理财产品能够获得 7% 以上的年化收益率,还是比较可观的。不过,理财产品并非像银行存款一样安全和稳定,其实际收益率可能会有所浮动。所以,如果要投资银行理财产品,最好选择大型银行的理财产品,在安全性和稳定性上比较有保障。一般来说,银行理财产品的年化收益率都在 5%～7%,如果看到小型银行的高收益率理财产品,那么就需要多加警惕,可能会伴随着较高的风险。

2. 证券市场投资

证券市场是金融市场中最主要、最活跃的构成部分,其投资选择也是极为丰富的,既有低风险低收益的债券投资、高风险高收益的股票投资,也有风险收益平衡的基金投资。

债券投资比较适合证券市场中的初学者,以及风险承受能力较差的家庭。相对来说,债券的风险很小,特别是国债和大型企业的债券,几乎趋近于零风险,不过债券的收益率也比较低。如果对资金的流动性要求不高,可以选择 10 年期以上的长期国债,收益还是相当可观的。

股票投资则比较适合证券市场中的老手,以及对风险承受能力较高的家庭。我们常说"股市有风险,投资需谨慎",虽然投资股票能够实现资产的快速增值,但是在安全性上却没有任何保障,一旦投资不慎也有可能损失殆尽。而且,无论是怎样的股市高手,也不可能保证在投资股票时始终稳赚不赔,需要有雄厚的资金实力作为保障。所以,对于家庭投资来说,最好不要将所有资金一股脑都投入股市,而是应该在保障家庭财产安全的基础上将余钱投入股市中以博取更高收益。

基金投资则是一种平衡性相对较好的投资工具,由于选择性较多,因此能够兼顾收益与风险。如果家庭风险承受能力较高,可以选择股票型基金;如果家庭风险承受能力较低,可以选择债券型基金。基金投资的另一个好处是投资者不需要花费大量时间去学习投资知识和积累投资经验,而是可以由专业的基金运作公司来全权负责。

3. 互联网金融投资

互联网金融是一种新兴的投资渠道,特别适合一些在互联网环境下成长起来的年轻父母们,在便捷性和灵活性上有着其他传统投资渠道无可比拟的优势。

"宝宝类"理财产品可谓是引爆了互联网金融投资的热潮,余额宝、理财通等知名的"宝宝类"理财不仅安全性高,而且灵活性高,可以随时存取,现取现用。投资者甚至不需要去专门开设账户,只需要用支付宝、财付通等工具即可随时实现投资、变现的操作。不过,在市场利率不断走低的情况下,许多"宝宝类"产品的年化收益率已经跌破了4%,"宝宝类"产品已不再像刚推出时一样,是普通投资者的"投资神器"。

P2P是最早出现的互联网金融投资工具之一,所谓P2P,就是利用互联网渠道对接资金提供者和资金需求者,实现投资者的点对点直接投资。目前,P2P市场可谓鱼龙混杂,既有经营稳健的大型P2P平台,也有经营风险高的新兴P2P平台,P2P理财产品也是五花八门,收益率浮动极大。一些表现较好的P2P产品,年化收益率能够达到10%甚至15%以上,但是其伴随的风险也是需要考虑的。而对于一些年化收益率达到20%甚至30%以上的P2P产品则要格外警惕,很有可能有"猫腻"。所以,选择P2P产品,最好能够选择知名的大型P2P平台,尽可能了解P2P理财产品的详细信息,比如收益率、投资期、投资项目等。

除了以上这些常见的投资渠道外,对于有条件的家庭,还可以选择线下的股权投资,如在亲戚朋友的公司中参股,虽然有一定的风险,但一旦成功,回报也将是惊人的。

无论选择怎样的投资方式,在投资中都应该遵循以下三个原则:

（1）彻底改变资金的闲置状态

做好投资最首要的一点，就是改变资金现有的闲置状态，无论选择怎样的投资方式，也比把钱放在家里强。你每天只能够工作 8 小时，但是你的钱只要投资得当，就可以 24 小时不间断地"工作"。所以投资的第一步，就是让每一笔闲钱"动"起来，让它们为你工作。

（2）根据经济实力选择最适合的投资方式

投资切不可意气用事，也不可盲目跟风，不同的投资知识和经验，不同的经济基础和风险承受能力，都有相应的投资选择。如果你没有专业的投资知识和经验，也没有较高的风险承受能力，却要参与到股票投资中，那么只是有勇无谋。投资最关键的，是在保证资金安全的情况下实现保值增值，而不是盲目追求高收益，妄图"一夜暴富"。

投资是长期与短期的平衡，也是自己与市场的平衡，还是预期与现实的平衡。投资正是一门平衡的艺术，只有保证了收益与风险的平衡，懂得权衡与取舍，才是一位成熟的投资者。

（3）掌握复利投资的理念

爱因斯坦曾经说过："宇宙间最大的能量是复利，复利是人类第八大奇迹。"复利即我们俗称的"利滚利"，指在每经过一个计息期后，就将所生成的利息计入本金，以计算下一期的利息。投资是一个长期稳定的过程，复利是一个最好的诠释。

其实，想要投资复利，不一定非要寻找那些注明是复利收益的理财产品，复利不只是一种收益计算方式，更是一种投资理财观念。想要实现复利投资收益最大化，最重要的一点就是充分利用时间杠杆，也就是要尽早投资、尽快投资。投资得越早，将获得的收益更早地用于下一轮投资，你的总资本就能不断地加速积累。只要长期坚持下去，在十数年乃至数十年后，你获得的总收益将会超乎想象。

对于普通家庭来说,只是依靠工资收入,很难为两个孩子都提供充裕的物质条件。无论之前有没有投资经验,有没有参与过投资,父母都应该重视家庭投资,多多学习投资理财知识,通过财富增值来争取更好的生活条件。

06 学着精打细算,二孩也不难养了

经济压力,成为许多家庭生二孩最普遍、最大的障碍,媒体还由此创造了一个新名词——"恐二族"。那么,经济不宽裕的家庭如果想要生养二孩,应该如何避开金钱上的恐惧心理呢?

多了一个孩子,对于一个家庭来说可能就是多了上百万元的花费,看上去是挺"吓人"。不过,这些钱毕竟是将孩子抚养成人的20年左右时间的总花费,平均到每个月不过是数千元,虽然数字仍不小但并非完全无力承担。而在生活中,只要学会精打细算,在各个环节上节省开支,又能进一步减轻压力,养育二胎的困难并非是无法跨越。

孩子的抚养费用,主要集中在吃、穿、玩、医、育这几项,那么每一项的具体成本又是如何呢?让我们先看看下面一组统计数据。

二孩家庭月平均养育成本

项 目	费 用	占比(%)
吃	<1000 元	33.28
	>1000 元≤5000 元	39.22
	>5000 元≤10000 元	17.58
	>10000 元	9.92

续　表

项　目	费　用	占比（%）
穿	＜500 元	21.66
	＞500 元≤1000 元	33.11
	＞1000 元≤3000 元	32.65
	＞3000 元	12.58
玩	＜300 元	39.17
	＞300 元≤500 元	27.98
	＞500 元≤1000 元	21.21
	＞1000 元	11.53
医	＜1000 元	55.09
	＞1000 元≤5000 元	35.42
	＞5000 元≤10000 元	6.79
	＞10000 元	2.70
育	＜5000 元	64.47
	＞5000 元≤10000 元	16.79
	＞10000 元≤30000 元	14.75
	＞30000 元	3.99

尽管以上的数据并非十分全面准确，但也能够看出，二孩的养育费用差距还是很大的，你可以选择"富养"，也可以选择"穷养"，这不仅取决于家庭的经济实力，也取决于你的花钱方式。会处处精打细算的父母，就能够以更低的成本育儿。那么，生活中的精打细算有哪些技巧呢？下面就为广大父母提供几条思路。

1. 尽量用网购、团购解决购物需求

网购如今已是十分普及的购物方式，由于少了实体店面租金的支出以及流通环节的支出等，网店中产品的价格一般会比实体商场的同款产品低上不少。而如今，随着越来越多的团购网站的涌现，团购也越来越方便，这使得购物成本进一步下降。因此,父母们在购买一些生活必需品时,可尽量采用网购、团购的方式,不仅产品的价格更低,还能省下外出的交通费和时间,可谓一举多得。

2. 乐于接收和使用二手用品

在怀孕期内,夫妻就可以列出新生儿所需的用品清单,主动询问亲戚朋友等是否有闲置不用的衣物、婴儿床、玩具等,只要有人愿意提供,那么就毫不客气地接收过来吧。对于一些对品质要求不那么高的用品,父母们也可以主动在商场或网上搜寻二手产品信息,购买二手产品。

许多父母对使用二手物品有排斥心理,认为不体面,感觉不好意思,其实完全不需要抱有这种心态,使用二手物品并不"丢人",而是一种勤俭节约的美德。特别是小孩子的衣物等,由于更换频率很高,所以购置新衣服很不划算。不过,父母在购买和使用二手物品时,也应当格外注意清洁性和安全性,毕竟婴儿的抵抗力较弱,因此像婴儿的衣物、玩具等最好经过清洗、杀菌、日照后再使用。

3. 时时瞄准优惠特价情报

正所谓"货比三家不吃亏",二孩家庭的父母们,平时更应该注重搜集商场或是网上的优惠特价情报,以最低的成本去购置必需品。对于一些保质期较长、可大量存放的物品,可以趁优惠特价时一次性大规模购入。而对于一些保质期较短,或是不太常用的非消耗品,即便价格很低也不应大量购入,否则只会造成毫无意义的浪费。

当然,在购物时也不能只看价格,品质同样不可忽视,特别是给婴儿直接使用的产品,必须要注重产品的正规性和安全性,以免对婴儿造成不必要的伤害。

4. 办理新生儿医保

有许多父母,在新生儿出生之际忙东忙西,却经常忽略给刚出生的孩子办理新生儿医保手续,或者压根儿不知道有这回事。相较于已经普及的成人城镇居民医疗保险项目来说，新生儿的医疗保险鲜为人知，但实际上，我国的医保政策是覆盖到新生儿的。只要在宝宝出生三个月之内办理医保卡，那么医保待遇自宝宝出生之日起便可以享用；如果超过三个月不到一周岁办理，那么宝宝则从办理日次月起开始享受医保待遇；如果超过一周岁才办理，那么宝宝就要等到次年的 1 月 1 日才能享有医保待遇。所以，早办理早省心，一旦新生儿患上疾病也可以节省一部分费用。

在办理新生儿医保后，个人缴纳一部分钱，政府财政会补助一部分钱，这些钱可用于买药，也可用于给新生儿看病。如果宝宝生病住院，在办理医保卡后，还可以按照一定的比例予以报销，报销比例根据一级、二级、三级医院分别为 80%、70%、60%，大病医疗保险的最高支付限额可达到 10 万元。

此外还需要了解的是，如果所在地区办理新生儿医保卡有一定困难，只要新生儿妈妈参加了城镇居民医疗保险，那么三个月以内的新生儿是可以享受妈妈的医疗保险待遇的。如果妈妈参加的是新农村合作医疗保险，在新生儿出生的缴费当年，新生儿也可以享受妈妈的医保待遇。

5. 改变不适当的思维和行为方式

对于许多年轻的父母来说，自己花钱的地方比较多，平时花钱时也相对大手大脚一些，但是一旦有了两个孩子，以前花钱的坏习惯都要统统改掉。不能再花钱如流水，将钱用在休闲娱乐等非必要支出上，不能再月月都当"剁手党"了。必须要制订一个准确详细的家庭财务计划，定下收入和支出的目标，确保收支平衡且能够为孩子的未来储蓄一笔资金。

同时，有两个孩子也不全是负担，比如买车、买学区房都能多一人受惠，从某种层面上看也节约了一定的养育成本。

账本是死的，但经济是活的。养育两个孩子确实是一项艰巨的"任务"，但只要学会精打细算、量入为出，不攀比、不奢侈、不浪费，再加上足够的才智和努力，不仅能够养得起二孩，还能养得很健康、很快乐、很幸福。

第 3 章

情感准备：家庭支持对生养二孩很重要

　　生养二孩，不仅要在家庭经济上做好充分准备，在家庭情感上也同样要做好准备。生养孩子是事关整个家庭的重大课题，不管是夫妻双方之间，还是与双方父母之间，甚至是和"大孩"之间，都应当事先做好情感沟通，赢得整个家庭的支持，保证"二孩"能够在一个和谐、美满的家庭氛围下降生。生养二孩，本意是为家庭争取更大的幸福，如果反而打破了家庭和睦，那么实在是得不偿失。

01　情感自测：你适不适合生二孩？

　　拥有足够的经济基础或是解决了经济难题，并不代表生养二孩就可以毫无顾虑了，家庭情感同样是父母们需要格外注意的影响因素。特别是一些父母在看到亲朋好友纷纷要了第二个孩子，于是也开始"坐不住了"，也想要有自己的"二孩"，这种心情可以理解，但心态未必合适。夫妻双方在确定是否想要第二个孩子之前,必须要先进行情感自测,考察家庭情感是否牢固,是否存在不安定因素。

问题一:你自己真心想生养二孩吗?

看到这个问题,可能很多人会想,这种问题还需要特地自问自答吗? 我自己想不想要第二个孩子还能不清楚吗? 可实际上,这个看似简单的问题却未必能够获得准确的答案。有许多人并没有真正掌握自己的心理状态,完全是因为二孩政策突然放开,或是父母想要第二个孙子/孙女,或是看到别人一家四口其乐融融,便由此产生了"冲动"心理,也想要第二个孩子,但是这种"冲动行为"极有可能在以后造成一些不安定因素。如果没能在情感和心理上做好充分准备,当以后在育儿过程中遭遇挫折时,很可能会产生后悔心理。如果不能全身心地照顾孩子,绝对不利于孩子的成长以及家庭和睦。

问题二:你的另一半喜欢孩子吗? 他/她想要第二个孩子吗?

你的另一半是否喜欢孩子,看似是个奇怪的问题,因为有了一胎的父母似乎没有理由不喜欢孩子。不过,这只是相对来说的。有些大人特别喜欢孩子,即便不是自己的孩子,也能同亲戚朋友家的孩子"玩成一片",但有些大人可能相对"内向"一些,对孩子似乎不是那么"热衷",感情没有那么外露。如果你的另一半特别喜欢孩子,那么夫妻在商议是否要二孩时就会少许多阻碍,甚至对方还会主动要求你要第二个孩子。

生养二孩是夫妻两人的事,所以无论你多么想要第二个孩子,都必须确保你的另一半同你有一样的想法。生养二孩不能只凭一时喜好,还要考虑到实际的经济条件。特别是对于家庭经济的"顶梁柱"来说,由于承担的压力较大,或是正处于职场、事业的关键时期,可能暂时不想生养二孩,这些心理状态,必须事先做好了解。

问题三:妻子一方和公公婆婆的感情和睦吗?

夫妻双方与父母之间的感情,特别是妻子与公公婆婆之间的关系是否和睦,同样是生养二孩时需要着重考虑的因素。家里多一个孩子,对于孩子的抚养、成长、教育等一系列问题,难免会产生摩擦,如果妻子与公公婆婆的感情本来就不太好,经常吵吵闹闹,那么随着“二宝”的降生,可能会带来更多的家庭纷争,激化家庭矛盾。

相反,如果妻子与公公婆婆的关系很好,那么“二宝”的降生不仅能让家庭氛围更加融洽,即便在抚养孩子的过程中有不同意见也能和平解决。如果与老人们一起同住那就更好了,老人们帮忙照顾孩子,能够在一定程度上减轻经济和精力上的双重负担。

问题四:“大宝”当前几岁? 对弟弟妹妹有何看法?

“大宝”的情感问题是许多父母在考虑是否要“二宝”时特别容易忽视的,一些父母认为究竟要不要“二宝”,关键还是要看夫妻双方的意愿,孩子的意见不重要,其实这完全是错误的想法。

在处理“大宝”的情感因素时,首先要考虑年龄因素。如果“大宝”年龄尚小,不太懂事,那么是否要“二宝”自然不必经过他/她的“批准”,只要其他条件成熟,完全可以生养“二宝”,让“大宝”在成长过程中有一份陪伴。而如果“大宝”已经懂事,甚至已经有了自己明确的想法时,那么父母必须要考虑或询问“大宝”是否想要一个弟弟妹妹,是否能满心欢喜地迎接弟弟妹妹的降生。如果忽视了“大宝”的情感因素,导致“二宝”降生后遭到自己的哥哥或姐姐的“仇视”,那么对两个孩子的成长都会造成恶劣的影响。

总而言之,是否要生养二孩,虽然关键在于夫妻双方,但同样也是属于整个大家庭的问题。所以,自己的情感、另一半的情感、双方父母的情感以及“大宝”的情感,都是需要考虑的因素。只有整个家庭的每一位成员都诚心诚意地祝福“二宝”的降生,才能在“二宝”的成长过程中予以充分的重视和帮助,这不仅有助于为“二宝”营造一个最佳的家庭氛围,也能够避免因“二宝”出生导致家庭矛盾的出现甚至是家庭破裂。

02 生还是不生？夫妻要同心

作为是否生养二孩的最关键人物以及最终的决策者，夫妻双方对于二孩的想法始终是最重要的，无论生不生二孩，都必须确保夫妻双方站在同一战线上，这样才能有效避免各种夫妻矛盾的出现。

湖南卫视推出的《恋家有方》栏目中，于 2015 年 11 月专门制作了一期名为"二孩生不生？夫妻同心摆平感情小隐患"的内容，这也显示了二孩所带来的夫妻感情隐患，正逐渐被大众所关注。

其实，关于二孩问题，最怕的不是夫妻意见不一致，而是双方都把真心话藏在心里不愿表露，这极有可能成为今后夫妻矛盾的导火索。

30 岁的陈女士意外怀上了二胎，当她把这个消息告诉丈夫，寻求他的意见时，丈夫没有表示反对，告诉她"你想要就生吧"。在几番权衡之下，最终陈女士生下了这个孩子。但是孩子的降生并没有让丈夫显露出太多的欣喜，反而情绪还越来越低落，每天晚上回家经常因为一些小事乱发脾气。

本来照顾两个孩子就已经很累的陈女士实在忍受不了丈夫的暴躁，于是和丈夫主动"摊牌"，提出自己的不满。不料，丈夫却对她说："我本来不想要这个孩子，因为看你想要才答应了。本来我们家生活就不宽裕，现在又多了一个孩子，我的负担就更重了，每天都要为养活一大家人犯愁。"陈女士彻底傻了眼，她本来也不是非要这第二个孩子不可，因为看到丈夫没有反对才最终决定生下孩子,没想到丈夫却说出这种话,夫妻两人的矛盾由此加剧。

陈女士和她的丈夫的矛盾根源,就源自于两人没有事先就二孩问题发表明确意见,随意揣测对方的想法而造成了想法错位,最终引发了一系列争吵。如果陈女士能够明确表达自己要不要二孩无所谓,全看丈夫的想法,如果陈女士的丈夫能够明确表示自己压力大,不想要二孩,那么双方就可以轻易达成一致意见,也不会有后续的一系列家庭经济危机和情感危机。

夫妻双方如果观念一致,能够就二孩问题达成生或不生的统一意见,那自然是最理想的状况。但如果夫妻双方关于二孩问题的想法不一致,也应该友好地沟通,切不可"自乱阵脚"。当夫妻双方的观点不一致时,首先应该开诚布公地分别说出自己想或不想要二孩的具体原因,看看哪些因素是可以协调或沟通的,哪些因素是短期内难以改变的,在这个过程中就有可能改变某一方的想法,使双方达成一致意见。即使双方的意见始终无法达成一致,也不可为此大吵大闹,必须有一方做出让步,达成统一意见。夫妻中的"强势"一方,切不可去压制"弱势"一方,以各种"威逼利诱"去迫使对方与自己达成一致意见,这样的结果只会为夫妻今后的感情生活埋下重大隐患。

除了夫妻双方的想法外,有许多夫妻可能还会遭遇家中老人的"逼生"问题,夫妻双方不想要第二个孩子,但老人们却想要第二个孙子或孙女。面对这种情况,关键还是看夫妻双方的意见能否保持一致,且任何一方都不应随意"变卦"。夫妻不应该轻率地"迁就"老人们的想法,因为养孩子的责任主要还是在于夫妻二人。但是夫妻也不能无视老人们的愿望,最佳的做法还是应该耐心、认真地沟通,向老人们说明自己不想要第二个孩子的具体原因,以赢得他们的理解。

另外,夫妻双方只是在想或不想要二孩的意见上达成一致是远远不够的,养育二孩是一个长期的过程,对于二孩出生后的一系列事务都应当提前做好预估和应对,而不是等出现问题后才去以争吵解决。比如,二孩出生后的家庭经济能否顺利负担,夫妻双方是否需要有一人辞职在家带孩子,是否需要请老人帮忙带孩子,是否需要请月嫂或保姆等,这些问题都需要夫妻双方事先达成一致。

一对年轻夫妻不久前迎来了自己的第二个大胖儿子出世,全家人都很开心。不过好景不长,随着孩子的抚养问题不断出现,家庭矛盾不断升级。

妻子对丈夫说:"好像孩子是我一个人的,你一点都不管。我每天晚上要喂好几次奶,完全睡不好,白天也恍恍惚惚的。光照顾小的就很累了,还要照顾大的,每天接送上下学,陪玩、陪做作业。而你呢,回家越来越晚,一回来不是看电视就是玩手机。"

而丈夫却对妻子说:"你怎么不想想,家里好几个人等着张嘴吃饭,全部都靠我一个人赚钱养家,我工作时就已经忙死了,回来还要听你不断抱怨,指挥我做这做那。"

"孩子是我一个人的吗?我现在在家当全职太太,自然要靠你养家,每次向你要生活费,你还总不痛快。"

"我又不是不给,我手头也紧张,想为整个家都省点,你怎么就不理解我呢?你不上班,孩子的事自然要全部交给你。"

夫妻二人的争吵越来越激烈,甚至闹到了离婚的地步。

这就是典型的因为事先准备不足、沟通协调不足而导致的夫妻争端。在二孩的抚养过程中,夫妻之间难免会有争吵,解决争端的关键还是要多换位思考,多站在对方的角度去看待问题,多去理解对方的难处,多用缓和的语气去交谈,一句"辛苦了"就能消除许多心理压力,一步小小的退让就能避免许多摩擦。

一位调解中心的负责人表示,因为二孩降生而导致夫妻矛盾加剧的案例现在越来越多,本来幸福甜蜜的三口之家,因为二孩的降生,导致许多问题集中爆发,比如经济上的拮据、带孩子的人手不足以及夫妻双方沟通不畅等。特别是一些80后、90后的年轻父母们,更是爆发争端的主要群体。80后、90后大多是独生子女,自己也像个'大孩子',再加上年纪尚轻,抚养一个孩子就已经显得力不从心,二孩的到来让小家庭的各项资源一下子紧张起来,就像是导火索一样激发了潜在的矛盾。在生育二孩之前越是冲动、乐观,越是对家庭形势估计不足、准备不足,就越是容易产生落差,招致矛盾。

那么,怎样才能减少二孩给夫妻情感造成的不良冲击呢?最核心的解决方案就是夫妻双方都要深思熟虑,共同预估生养二孩后可能会出现的困难,并提前做好预案,寻求解决方法。比如,在经济上,算清家里每月的支出会增加多少,是否会对当前的生活质量产生重大影响,如何解决;再比如,在带孩子的人手上,只依靠夫妻两个人是否足够,是否需要请保姆、月嫂,或是家中的老人来帮忙,二孩降生后是否需要有一人辞职在家,家务活主要由谁承担等等,尽量将后续的一切事务都做好安排后再备孕二胎。

在有了两个孩子后,许多女性会选择放弃事业做全职太太,其实这同样需要夫妻双方事先做好沟通。许多年轻夫妻都处于事业的上升期,如果其中一方放弃事业会减少家庭收入,可能会加重家庭负担。而且,夫妻双方收入差距拉大,也可能会拉开双方的距离,进而引发矛盾。所以,对于夫妻双方,特别是女方来说,即便有了二胎,也别一切都围着孩子转,别让奶粉、尿布占满自己的生活,应尽可能保持自己的事业圈、交际圈等,保持积极乐观的心态更有助于家庭情感稳固。

只有夫妻同心协力,对是否生养二孩以及生养二孩之后的一系列家庭问题达成一致,才能有效避免不必要的摩擦,让二孩的降临真正成为家庭幸福的源泉,而不是家庭不和的导火索。

03 生"老二","老大"同意吗？

在二孩政策公布后,时不时就有"老大"反对父母生二孩的新闻传出。在许多人的固有观念下,生"老二"对"老大"只有益处没有害处,而且决定权在父母,孩子似乎没有理由反对,因此对这些孩子的"一哭二闹三上吊"的行为大多一笑了之。然而,事实情况却是,许多孩子为反对父母生二孩居然用上了许多"极端"手段,闹情绪、摔东西、故意捣蛋不听话的尚属小事,更有新闻曝出有 8 岁男孩因不满父母生下二孩用 502 胶水自残眼睛,有 13 岁的初中女生以跳楼作为威胁反对父母生二孩……毫不夸张地说,"老大"反对"老二"的降生,不仅成为一种越来越严重的家庭问题,还已经成为一种不可忽视的社会现象。

吴女士是一名医生,因为自己是独生子女,从未体验过兄弟姐妹之间的手足之情,为了让自己 5 岁大的儿子享受到更多的亲情,就想再要一个孩子,这样将来两个孩子相互之间也有个照应,遇事有商量,养老的压力也会小一些。但不料跟大宝沟通后,孩子的情绪突然很激动,怒气冲冲地说:"你们要是敢生小弟弟,我就把他丢进垃圾桶。"

吴女士听后大惊失色,联想到近日看到的"老大"反对"老二"的新闻,实在难以将之视为孩子的"气话"。如何说服儿子接受自己生二胎,成了严重困扰吴女士的问题。

面对众多忧心忡忡的家长,有些人认为,这都是长期溺爱惹的祸,现在的许多独生子女,从小习惯了"4+2"式的包围,习惯了说话做事以自我为中心,因此不愿分享,对父母的抵触心理严重。还有些人则认为,父母太过懦弱,生不生二胎是大人的事,完全没有必要听小孩的意见,特别是那些年龄尚小的孩子,根本不懂事,无法体会父母的良苦用心。但实际上,这两种观点都并非完全准确。

不可否认,长期的溺爱与迁就在一定程度上让独生子女养成了自私、任性的性格特征,从而让他们盲目地反对父母的决定,但在新闻报道中,同样也有一些"乖孩子"采取了过激手段反对父母生二胎。因此,也不能草率地认为孩子年龄小不懂事,或是孩子无权反对大人的意见。现在的孩子在思想上都极为早熟,也许他们看待问题的方式在大人眼里尚显幼稚,但他们也有自己考虑问题的方式,有自己明确的观点。所以,父母在决定是否生养二胎前必须重视"老大"的想法,切不可武断行事,以至于在"老二"出生后,长幼两人"反目成仇"。

"老大"反对"老二"的降生,其原因是非常复杂多样的,且不同年龄段的孩子也都有不同的反对理由,很难简单地归咎于教育或孩子不懂事等因素。

有些父母在孩子小不听话时,可能会"恐吓"他们说:"要是你再不听话,就生个弟弟妹妹不要你了。"或者是亲戚朋友在逗孩子玩时,对他们说:"等你的爸爸妈妈给你生了弟弟妹妹后,就不再疼你了。"这些话,其实都会对孩子的心理造成影响和误导,因为他们很难准确区分这些是玩笑话还是认真的。而随着孩子更大一些,他们也会产生更强的自我保护意识,担心弟弟妹妹的降生会"夺宠",担心自己的重要性会被取代,这种"一山不容二虎"般的想法,其实是他们在心理上害怕父母对自己的爱有所动摇而产生的危机感,从而对父母生养二胎的想法产生一种本能的抗拒反应。所以,绝不能简单地认为孩子任性、不懂事,要深入了解孩子的内心世界,平稳地消除他们的反对情绪。

据一家专科医院调查研究发现，在有意愿生养二孩的父母中，"亲子嫉妒问题"是最容易被忽视的一个关键部分。打算生养二孩的父母，如果不能提早做好"老大"的思想工作，让"老大"在思想上做好准备，悦纳弟弟妹妹，很容易造成"老大"心理上的失落感，进而导致老大烦躁易怒的性格，做出一些叛逆性行为。父母在决策前，一定要把"老大"的想法作为一个重要因素来考虑，了解孩子对"弟弟妹妹"的接受程度，让孩子发表意见、参与决策，并注意事先疏通情绪、征得认同。

如今，孩子的自我意识很强烈，所以父母在备孕之前的先行沟通必不可少，否则很有可能让他们有"被迫接受"的感觉。如果能够事先征得"老大"的同意，父母在备孕二孩时也会少许多阻力和担忧。

> 怀上了二胎的刘女士，在谈到自己的第一个孩子的种种表现时显得很高兴："当初提出要给他生个弟弟妹妹时，他没有反对，而且现在每当我感觉不舒服时，他就会关心我是不是又想吐了，还帮忙拿柠檬水和纸巾等。另外，他还经常问我肚子里的宝宝什么时候出来，以后他要去带他出去玩，这让我很是欣慰。"

心理专家称，二孩出世给大孩带来的心理压力，远比父母想象的、感受到的强烈得多，一旦忽视，后果严重。父母切不可轻视和忽视"老大"的想法，不要总是主观地认为生养二孩对"老大"也有好处，从而"自作主张"。无论孩子对父母生养二孩抱有怎样的想法，都应该事先认真地同他们沟通，让原本就同意的孩子提前得知消息，与原本不同意的孩子进行交流，引导他们的认同，不要因为老二的降生给两个孩子的成长都带来不良影响。无论如何，一个备受期待、在全家一致渴望下出生的二宝，会比一开始就遭受排斥的宝宝的成长情况好得多。

04 情感分享,化解大宝的"二孩焦虑症"

大宝对父母要生养弟弟妹妹有抵触情绪,甚至做出一些不理性的过激行为,父母与孩子沟通不到位是一个重大原因。许多家庭对于要不要二宝都是父母商量决定,大宝很少能够参与其中,或是长期不合理的教育使孩子的心灵过于脆弱,都有可能使大孩患上"二孩焦虑症"。

为了有效地避免"二孩焦虑症",父母应该事先做好充分准备,重视大宝的心理问题,切勿"先斩后奏"。父母可以让大宝一同讨论家庭的二孩计划,让孩子参与决策,让他感觉到自己是家里的小主人,让孩子对于家庭新成员的到来有充分的思想准备。

北京师范大学儿童心理学博士钟佩菁建议说:"父母需要跟孩子沟通,'你要做哥哥(姐姐)了',让孩子觉得做哥哥或姐姐是一件非常光荣、有责任感的事情,让孩子能够参与到期待弟弟(妹妹)降生的队伍当中。"广大家长万不可因为担心大宝有抵触心理就放弃同孩子交流,觉得只要经过一段时间,孩子就会自然地接受弟弟妹妹的到来,这样有可能使孩子产生更严重的心理问题。

健康合理的情感分享教育,也可以有效地避免"二孩焦虑症"。在孩子的成长过程中,父母太过关爱甚至溺爱孩子都不利于其成长,会助长其孤僻、自私、自我中心等不良心理状态的形成,而这样的孩子一般也很难接受多出一个弟弟妹妹与自己分享父母的爱。在独生子女家庭中,家长要特别关注孩子行为品德的引导,要培养孩子养成谦逊的习惯,教育孩子同他人要乐于分享、互爱互助,这样都可以有效疏解大宝对二宝的排斥和抵触情绪。

在平时的生活中,父母也可以有意识地引导孩子多和同龄或是低龄的小朋友一起玩,让他们乐于谦让小朋友,甚至让他们承担起"照顾"小朋友的责任,让他们体验到成为哥哥姐姐的责任感和自豪感,这不仅能够提高他们对于弟弟妹妹的接受心理,可能还会使他们主动提出想要一个弟弟妹妹。

而对于不同年龄段的孩子,父母也应该根据他们的思维特点和性格特点等,采用对应的沟通法,以取得最佳的沟通效果,化解他们的"二孩焦虑症"。

对于上幼儿园及小学低年级的孩子来说,他们刚刚懂事,对许多事情都处于懵懵懂懂的状态,他们也有可能反对父母生二孩,但很多情况下都是一种本能的抗拒,而并没有充分的反对理由,对于这些孩子,父母应该充分运用各种沟通技巧,"诱使"孩子接受自己生二孩的想法。

比如,在提问方法上,父母们就可以有许多选择。

(1)单刀直入式:直接提出"妈妈给你生个弟弟妹妹好不好?"等问题,适合对平时喜欢和小朋友一起玩的孩子使用。

(2)潜移默化式:经常给孩子灌输生个弟弟妹妹的概念,跟他/她说有一个弟弟妹妹的好处,等时机成熟后再提问,适合一些比较年幼的孩子。

(3)拐弯抹角式:以选择性提问的方法对孩子发问:"你是想养只猫呢,还是养只狗呢?""我想养只狗。""那你是想要个弟弟呢,还是想要个妹妹呢?"通过这种提问方式来让孩子认可二孩。

(4)旁敲侧击式:和其他有二孩的家庭共同探讨二孩的问题,叙述二孩的好处等等,然后再问大宝:"咱们家也要个弟弟妹妹好不好?"

(5)他人代问式:让其他亲戚或朋友代自己询问孩子:"让妈妈给你生个弟弟妹妹好不好?"这样可以降低孩子的戒备心理,即便孩子现在不同意也有较大的回旋余地。

当孩子年龄更大一些,步入小学高年级和初中后,他们各方面的想法会更加完善一些,而且由于孩子处于青春期,逆反心理严重,或许会做出过激行为,因此这一年龄段的孩子很难被说服。

这需要父母在孩子的成长过程中多加注意,除了刻意地培养其分享精神和责任心等,也要注意不要随意把孩子同其他家庭的小孩进行比较,这样只会让他们对弟弟妹妹的到来感到焦虑和不安。同时要在平时通过言语及行动让他们相信,父母的爱永远不会打折,即便弟弟妹妹出生,也会同样地爱着他(她)。

当孩子年龄再大一些,升入高中甚至大学后,同样需要与他们做好沟通,不要认为孩子已经长大了、懂事了,不会再反对父母的决定了。生养二孩,绝对不只是夫妻之间的事,对于大孩来说,这也是要陪伴他们一生的亲人,对于这些"大龄儿童"来说,能否接受一个比自己小十几岁以上的弟弟妹妹,还是需要父母提前做好了解及应对。

重庆晚报曾报道了这样一起事件:刘女士已经怀胎8个月,但她的16岁女儿却至今仍不同意父母要这个弟弟或妹妹。

刘女士夫妻两人早年起早贪黑做生意,在大女儿小的时候没能好好照顾她,但大女儿乖巧懂事,尽可能独立生活不说,成绩也一直极为优秀。随着生意步入正规,刘女士和她的丈夫都想要二孩,想要弥补自己早年对孩子疏于照顾的愧疚心理。可没想到,大女儿却坚决反对:"你们有我不就够了吗?我毕业后会回到你们身边的。你们要弥补的是我,现在条件好了,我不要他(她)来跟我抢。"

经过亲戚和老师的心理疏导,再加上自己冷静地思考,大女儿也准备同意父母生二胎。可此时她得知母亲已经怀孕的消息,这种"先斩后奏"的做法让她无比懊恼,感到自己不再受重视,一气之下甚至连春节都不愿回家。尽管后来刘女士的女儿还是回来了,但她也表示自己只是担心母亲的身体,并不是真的接受了弟弟或妹妹的到来。

之所以闹出以上这起家庭风波,起因就在于刘女士夫妻两人没有事先同女儿做好沟通交流。一开始大女儿可能只是一时冲动才做出反对之举,但经过劝说和思考已经改变了想法,不料父母"先斩后奏"的做法又一次伤了她的心,才导致她的"二孩焦虑症"愈发严重了。如果最初刘女士夫妻就能坦诚地和女儿说出自己的想法,亲自疏导她的抗拒心理,然后在取得女儿的认可后再去备孕二胎,可能就不会发生这一系列事件。

所以,无论是对哪个年龄段的孩子,无论是对何种性格的孩子,父母们在决定是否要二孩之前都应该和他们认真、对等地交流,了解他们的内心世界,通过全方位的情感分享化解他们的"二孩焦虑症",为二孩的出生准备一个最佳的家庭环境。

05 别把"养二孩"的压力转嫁给父母

中国,可能是隔代教育现象最为普遍的国家之一。据统计,如今国内几乎 60%～80% 的家庭,都是由爷爷奶奶或是姥姥姥爷来带孩子。之所以出现这种现象,其实是很容易理解的。首先,我国的传统家庭观念中,对"培养后代"十分看重,许多老人在拥有了自己的孙子、孙女后,常常对其疼爱有加,提出要自己带孩子。其次,许多年轻的父母在思想上、经济上都尚未成熟,缺乏足够的抚养孩子的能力与经验,因此会寻求老人们的帮助。最后,许多在独生子女家庭长大的父母们,从小习惯了“衣来伸手、饭来张口”,即便长大成人了也没有完全自立,而且他们会将大量时间用于休闲娱乐,自然将孩子交给自己的父母来抚养。

而随着许多家庭纷纷生养二孩,隔代教育的问题愈发严重。多了一个孩子的负担进一步压缩了许多家庭资源,许多父母没有足够的金钱和时间去照料两个孩子,无奈之下只能更多地去寻求老人们的帮助。

对于许多家庭来说,让老人帮忙带孩子是一种暂时性的无奈之举,但是,父母们不能将之视为习惯或依赖,把“养二孩”的压力完全转嫁给家中的老人,而自己却不承担一点责任,这样对整个家庭的三代人都会造成不良影响。

对于孩子来说,从小由爷爷奶奶带大可能会对其生理以及心理成长成熟都存在一定的不利因素。隔代教育普遍存在着溺爱心理,老人们几乎不会打骂孙子、孙女,也不会严厉地批评教育他们,而是百依百顺,完全由着他们的性子来。

在护理方面,老人们总是认为孩子要多吃才能长得快,要长得白白胖胖才好,因此总是让孩子吃得很饱,习惯不停地追着孩子喂饭,这反而容易引发孩子吃饭困难的问题。此外,很多老人生怕孩子冻病冻坏,总是给孩子穿得过多,等孩子玩出了一身汗、冷风一吹,反而容易生病,这也不利于孩子抵抗力的提高。

在教育方面,老人们过度的溺爱更容易使孩子自小养成刁蛮任性的坏脾气,将来在生活中和学习中都不利于与他人相处。老人们可能会对孩子采取过度保护,限制孩子们的自主行动,即便只有一丁点安全隐患也会立刻阻止孩子的行为,这极有可能使孩子变得胆小怕事,不愿意主动去探索、思考。

在健康方面,有些老人可能因为听力衰退,习惯跟孩子大声讲话,习惯将电视的声音开得很大,这对于发育尚不成熟的幼儿来说,有可能会损害他们的听力。

对于父母们来说,由老人们完全代为抚养新生儿,会降低自身的进取心和责任心,毕竟老人们不可能帮忙照料孩子一辈子,孩子长大后还是需要父母的看护和支持,如果没能在早期为孩子准备好相应的物质和精神条件,这会在今后造成更大的压力。而且,父母与孩子接触过少,可能会产生隔阂感,孩子会习惯于和爷爷奶奶一起生活,与父母在沟通交流时也会产生一些障碍。

对于老人们来说,抚养孩子在经济上和精力上都是一项重大的挑战。一些老人在抚养第一个孙子或孙女时可能才 50 来岁,身体条件和精神条件都保持得不错,因此带孩子不会感到吃力。但等到抚养第二个孙子或孙女时,可能就已经超过了 60 岁,各方面的身体机能都会开始衰退,完全独立地抚养孩子会感到力不从心。而且,一旦他们在孩子的抚养和教育等方面犯了一些"错误",反而会招来子女们的抱怨,实在是"吃力不讨好"。

并不是说,在抚养二孩的过程中,不能寻求老人们的帮助,只是父母们必须确定一些抚养的原则,仍然由自己去承担抚养孩子的主要责任,而不是将所有问题一股脑甩给老人们,便随心所欲地去过自己的生活。

1. 父母们要永远成为孩子的第一责任者

父母们作为孩子的第一责任者,更能在严格与关爱中取得平衡,而不是像老人们一样陷入过度溺爱的误区,这样更容易使孩子养成良好的行为习惯以及优良的教养,有利于孩子在生理和心理上的成长成熟。无论孩子在成长过程中遇到了任何问题,父母都应该在第一时间承担起抚养的责任,不能没钱就去向老人要,不能孩子犯错了就交给老人们去开导教育。

2. 尊重老人们的智慧

老人们在隔代教育中确实存在着一些思想和行为上的问题,但是这并不代表在抚养孩子的过程中就应该完全无视老人们的智慧。在一些基本的抚养问题上,老人们无疑更有经验。所以,父母们应该懂得取其精华,经常向老人们请教正确的育儿经验,这既有利于提升自己抚养孩子的技能,也能让老人感到被重视、被尊敬。

3. 关于抚养问题可以争论,但不要争吵

两代人在抚养孩子的问题上,难免会出现分歧。面对这种情况,父母们可以向老人们发表不同意见来"一辩高下",但是最好不要脾气火爆地大声争吵,这不仅不利于意见的统合,而且不和谐的家庭氛围也会给孩子的成长留下阴影。老人们在抚养孩子的问题上,可能确实有做得不对的地方,但孩子的父母应该心平气和地同他们沟通,让他们知道怎样做才是对孩子真的好。如果难以说服他们,也可以适度借助"权威"的力量,由专家去说服他们,"和平"地解决抚养问题。

总之,由老人们协助抚养孩子成长,不失为二孩家庭的一种好选择。但是,为了避免隔代教育给家庭成员带来弊端,父母们万万不可将所有的抚养压力都转嫁给老人。为了使孩子更好地成长,父母和老人可能都需要有所付出,而孩子的父母更应该始终承担最关键、最主要的抚养责任。

06 "二孩"不是万能药,救不了家庭危机

我们可能听说过这样的案例:原本放荡的丈夫,在有了孩子后开始"安分守己",一步步成为"三好男人";夫妻之间的情感产生了裂痕,但随着孩子

的出世，两个人又变得相敬如宾；婆媳间感情不和，但在婆婆抱了一个大胖孙子后，开始对媳妇百般照顾……在以孩子为中心的中国式家庭中，新生儿的出生确实可能会使整个家庭暂时拥有一个共同的目标，在抚养新生儿的行动中掩盖或是消除以往的种种不和与矛盾。

但是，以上那些毕竟只是个案，而不是一种普遍性的规律。孩子绝不是拯救家庭危机的万能药，如果夫妻间的感情已经破裂，如果家庭内部矛盾已经彻底不可调和，孩子的出生也不可能从根本上解决问题。而且，将拯救家庭危机这种责任寄望于刚出生的孩子身上，也不是父母对新生儿应当持有的正确态度。特别是对于一些正在犹豫是否要生养二孩的家庭来说，希望重拾家庭和睦而选择生养二孩，绝对不是明智之举。

首先，相对于"一胎"而言，整个家庭对于"二胎"的兴奋度必然会有所降低，很难保证一定能够因为第二个孩子就放下"家庭恩怨"，如果不从根本上解决问题，二孩的出生最多只能将矛盾暂缓，这些矛盾随着孩子的成长必然会再次爆发。其次，生养二孩会加重家庭负担，如果原本就不是特别富足的家庭，二孩的出生甚至会激发更多的家庭矛盾，在高负荷的状态下，家庭成员可能会更加烦躁易怒，进而因一些小事引发争吵。最后，对于一些想通过生儿育女来挽回丈夫的心、赢得婆婆认可的女性来说，生二孩也不是一个好选择，也许在怀孕期间他们会对你百依百顺，而一旦孩子出生，所有人都围着孩子转，反而会有更强烈的失落感。

不仅如此，一旦孩子的出生没能顺利地缓解或是解决家庭危机，孩子出生后整个家庭还是争吵不断，或是夫妻最终离婚，都会给孩子带来严重的伤害，不仅对孩子的成长没有任何益处，还有可能让孩子因此产生许多心理问题。

我们很难断言，二孩的出生对于缓和家庭危机一丁点积极的作用都没有，关键还是要看家庭危机产生的原因及其程度。如果只是夫妻之间因为一些小事发生小摩擦，或是婆媳之间在思维和行为方式上存在一些小冲突，二孩的降生可能会使他们在抚养孩子的过程中增进情感，相互理解、体谅。但通常这类家庭矛盾本来就不是太严重，二孩的降生只是为解决问题带来了良好的契机。

不过，如果在家庭关系，特别是夫妻情感已经完全破裂，家庭矛盾已经彻底无法调和时再去生养二孩，无异于"饮鸩止渴"。比如，丈夫经常出轨，完全不顾家，完全不想再同妻子一起生活下去了，这时有再多的孩子又有什么用呢？他最多会履行抚养孩子的义务，但是却不会因此重拾对妻子的感情。我们并不是完全没有见过或听说过有了一双儿女却最终选择离婚的家庭，这些鲜活的事例就已经证明了，生养二孩绝不是挽救家庭危机的万能药。

即便是矛盾不深的家庭，夫妻双方也不要妄图"投机取巧"，以生养二孩的方式去巩固家庭情感、解决家庭矛盾。是否要生养二孩，主要还是看家庭条件是否有足够的经济基础作为支撑，家庭成员是否是从内心深处想要第二个孩子，而不能因为一些"间接目的"来作为是否生养二孩的决策依据。我们应该让每一个孩子都带着全家人的祝福降生，而不是让他从小就背负着不应属于他的"责任"。发生任何情感危机或是家庭矛盾，每一个家庭成员，特别是夫妻二人，都应该加强沟通交流，应该改掉自己不好的习惯，克制自己的不良情绪，从内心追求幸福，而不是将这一责任转嫁到一个完全无知的婴儿身上。

家庭成员之间，应该懂得互亲互爱、互敬互助，要始终以高标准去要求自己，不是以高标准去要求他人，要常做换位思考，互相多理解、多体谅。而当情感完全破裂时，夫妻双方也要敢于选择离婚，结束失败的婚姻，再重新去追求幸福，而不是将不幸传递到自己尚未长大的儿女身上。

07 儿子？女儿？"二孩"不该承受的重担

尽管国内家长们的思想越来越开放，但不可否认的是，重男轻女的思想仍然存在于许多人的潜意识中。许多一脉单传的男性朋友们，都希望有个儿子来"继承香火"。而更多的爷爷奶奶们，则希望能抱上一个大胖孙子。因此，对于一些一胎是女儿的家庭来说，想要生个儿子的想法也是促成他们决定生养二胎的重要原因。但是，这种不正确的心理期待，只会把不应有的重担加在"二胎"身上。

重男轻女是旧时代的思想糟粕，生活在新时代的我们应该果断地舍弃这种想法，无论是男孩还是女孩，都是至亲骨肉，没有高低贵贱之分，女孩同样是家族和血脉的继承者。而且，生男还是生女，很大程度上要看运气，天意不可强求。二孩政策确实给许多家庭提供了一次尝试要儿子的机会，但夫妻万不可仅仅因此就草率地决定生二胎，也不要迫于长辈想要孙子的压力而决定生二胎。如果真的想要第二个孩子，一定要从内心深处抱着"男孩女孩都很好"的想法，是非常重要的前提。

对于夫妻和老人们来说，如果对二胎是男孩的期待值太高，一旦孩子出生后发现又是女孩，失望之情可能会禁不住流露出来，这对两个孩子来说都是不公平的。如果大女儿已经懂事，当知道爸爸妈妈以及爷爷奶奶特别想要一个男孩时，很可能会由此产生一系列的心理问题，如感到自卑、认为家人不关爱自己等。一旦二胎生了男孩，全家人都围着他转，更会加重大女儿的这种心理，甚至导致她采取一些过激行为。

对于第一胎是儿子的夫妻来说，面对二胎的性别几乎不会有太大压力。

如果二胎是女孩,正好儿女双全;如果是男孩,那么则是双喜临门。但对于第一胎是女儿的夫妻来说,可能会面临着较大的压力,如果不能如愿生个男孩,难免会产生失落感。其实,这种重男轻女的思想是不正确的,是一种对家人、对孩子完全不公平的错误观念。

　　我曾听闻了这样一起事件:一位女士的丈夫以及公公婆婆都特别想要男孩,但是她第一胎却生了个女儿,虽然家人没有过多地表示什么,但她还是有些不安。而在二孩生育政策放开后,她的公公婆婆不遗余力地鼓励夫妻二人再要一个孩子,但结果,这次仍然是一个女孩。她的丈夫以及公公婆婆的脸上写满了失望,甚至在她出产房的时候没有一个人过来陪伴她、照顾她。

　　这样的事件,实在不应该再出现在当今这个文明社会中。事件中的丈夫以及公公婆婆的观念无疑是落后的、错误的,他们对自己的妻子、对自己的儿媳妇尚且是这种态度,很难想象他们对两个女孩的成长能够付出多大的关怀与爱护。

　　其实长期的宣传教育和思想引导以及计划生育政策的限制,已经让许多人摆脱了重男轻女的思想观念。无论男孩还是女孩,都是自己的亲儿子、亲女儿,都是自己的亲孙子、亲孙女,只要孩子健康、懂事,男孩女孩又有什么区别呢?这说明,人们完全有能力摆脱错误的旧式文化的影响,完全有能力走出思想上的怪圈和误区,完全有能力对男孩或女孩投入同等的关爱。所以,不要让二孩政策成为旧思想死灰复燃的"温床",如果你完全是因为想要儿子而希望生养二胎,其他条件都不满足,那么还是趁早打消这一想法,将自己全部的情感都投到现在的孩子身上吧。

　　在孩子出生之前不应抱有重男轻女的想法,在孩子出生之后同样不应抱有重男轻女的想法。特别是对于那些拥有一个儿子和一个女儿的家庭来说,父母在抚养教育的过程中千万不能偏心,也要叮嘱长辈们在对待孩子时不能偏心,否则很容易让一双儿女都产生心理失衡。比如,在一个重男轻女的家庭环境下,女孩可能感到苦闷、自卑,感受不到家人的关爱,从而变得自闭或是愤恨等。而男孩可能会愈发地以自我为中心,认为世界都是围着自己转,从而变得自大、蛮横,独立性差,不能与他人友好相处等。孩子的内心是极为敏感脆弱的,即便许多家长嘴上说着自己不会重男轻女,但潜意识里重男轻女的行为也会被孩子所察知,这不仅会影响两个孩子之间的感情,也会影响他们与父母、长辈之间的感情。

所以,不要让生儿子或生女儿成为生养二孩的影响因素,这不是二孩政策推行的本意,也不是"二孩"应当承受的重担。这种旧时代的思想桎梏,无论对于妻子,还是对于大孩和二孩来说,都是一种不公平、不合理的枷锁。

08 生孩子不是赶潮流,是对一个生命负责

"盼望着,盼望着,政策来了,二孩的脚步近了……"朱自清先生的散文《春》被网友们拿来如此"恶搞",也从一定程度上反映了广大群众对于二孩政策的期盼和关注程度。自二孩政策开放以来,无论是原本就铁了心要生二孩的家庭,还是尚在不断纠结犹豫中的家庭,都难掩内心的躁动。而在这种"不安稳"的氛围中,也出现了许多因为"赶潮流"而决定生养二孩的家庭。

因为"赶潮流"而生养二孩,看着似乎是一句玩笑话,但实际上,真的有许多父母自觉或不自觉地因受到"潮流"影响而轻率地选择了生养二孩。

比如,有些父母在大街上看到四口之家,夫妻二人一人手牵一个孩子,

就感到各种羡慕,于是也想要生养二孩。再比如,有些父母看到自己身边的亲戚朋友都在积极地备孕二孩,于是也"心痒难耐",想要跟上其他人的步伐。其实,产生这种心理变化是完全正常的,关键在于不能让感性完全驾驭了理性。想要生养二孩并没有错,但关键是要真心实意且拥有齐备的条件,而不是仅凭潮流影响,凭着一时冲动去做决定。说句不恰当的,生孩子毕竟不是淘宝购物,你不能"不满意了就想退货",也不能"厌倦了就扔在一边",而是要担起养育孩子的重任。

一些在生养二孩前纠结犹豫的父母们也做了许多功课,纷纷按照他人提出的建议来看自己是否符合生养二孩的条件,比如夫妻两人都很顾家,有能帮忙的老人,也有还算充裕的收入等等。看到自己符合这些二孩"生育条件",有些父母便决心"任性"一把,跟上大众"二孩热"的脚步。但实际上,生下孩子只是父母与孩子共同站在人生的跑道上,孩子接下来数十年的人生轨迹都需要你们来引导,你们几乎要为孩子不断操心至力所不能及。如今,很多父母把孩子从出生抚养到成年还不够,因为接下来他们可能还要上大学、考研或是出国留学,等到他们真正踏入社会可能已年近三十了。之后,父母还要帮孩子操持婚姻、照顾他们的孩子,他们在生活中碰到的很多问题,可能都需要给予帮助和支持。

所以,生养孩子不是一年、几年、十几年的事,而是一辈子的事,父母的决定,将会影响自己的一生,也将会影响一个全新生命的命运。

仅仅因为赶潮流就去生养二孩,会产生许多问题。如今,我国的普遍生养方式是"爸爸妈妈生,爷爷奶奶、外公外婆带"。许多年轻父母,将小孩生下便感到完成了"任务",将孩子交给家中的老人看管后便依然去过"二人世界",等到孩子长大了、懂事了、有一定生活自理能力后再"领回来"继续抚养。这种养育思维,对老人、对孩子都是不负责任的做法。当今的许多年轻父母,甚至连给孩子换尿布都不会。由于缺乏从小开始的感情培养,父母很难对孩子有细致入微的了解，也很难培养起强烈的责任心。老人们带孩子，在教育方面力不从心，无法为孩子提供正确的、有效的启蒙指导。而父母呢，可能由于没有时间与精力陪伴孩子而产生愧疚心理，为消除内心的愧疚感很多时候会选择以物质来弥补，这会使孩子养成不好的性格和行为习惯等。

所以，有较好的经济基础，有老人能够协助抚养孩子，这些客观的条件并不是生养二孩的全部因素，关键在父母们的主观思想里，必须特别喜欢育儿这项事业，必须能够不辞劳苦地抚养孩子成长，这才能够满足生养二孩的全部条件。

总之，生孩子不是赶潮流，不要看到幸福美满的四口之家就"蠢蠢欲动"，不要轻易受到其他人"二孩观念"的影响，而是要冷静下来想一想：自己是否已经做好了对一个生命负责的准备。如果没有这个决心，那么你应该去专注于建设和维持当前幸福美满的三口之家；如果有决心，那么去追求自己心目中的四口之家也未尝不可。

第 4 章

身体准备：二胎有风险，也有益处

生育二胎，对于夫妻双方，特别是女方来说是一项艰巨的挑战。母亲历经十月怀胎，忍受各种痛苦，新生儿才能得以顺利降生。而随着女方年龄的增长，身体机能下降或是出现一些健康隐患，都会使生育二胎的过程变得风险重重。不过，生育二胎不只是有风险，同样也能对身体健康产生一些良性影响，关键要看父母们如何事先做好身体准备，最大限度地降低风险，尽可能地发挥益处。

01 身体自测：你适不适合生二胎？

究竟父母们的身体还适不适合生二胎？广大父母们都提前认真做好身体状况的评估了吗？许多父母们会说，我们都已经生过一胎了，已经"轻车熟路"了，没有必要再大惊小怪地去做评估了。其实，这种想法万万不可取。人类的身体状态，随时可能会发生变化，特别是对于那些生育一胎已经过去了很多年的父母来说,可能早已"不复当年之勇",身体和精神都出现了一些衰退现象,这对于自己和婴儿来说都是一种负担。特别是超过了35岁的"大龄妈妈",在决定生育二胎之前必须做详尽的身体评估和检查。父母们只有准备好健康的身体,才能够去孕育健康的宝宝。

备孕二胎,最关键的还是在于母体的健康,那么广大母亲们在备孕二胎时会遇到哪些挑战呢?

一是身体的挑战,随着年龄的增长,妈妈们的生育能力必然会呈现下降趋势,这是一种普遍性的生理规律,而体力等身体机能的下降也会给怀孕期带来许多额外的负担。二是卵子老化的挑战,不仅仅是受生育年龄的影响,如今受到环境污染、现代病的影响,许多妈妈的卵子质量也会下降,这会对生育率以及孩子的健康都造成不利影响。三是精神上的挑战。二孩妈妈要面临更大的挑战,不仅要忙于工作、操持家务,还要照料第一个孩子,这很容易增加她们的心理压力,让她们产生焦虑烦躁的情绪。不良的精神状态同样会给身体状态造成不良影响。

对于身体状态,想要备孕二胎的父母们可以事先进行一个简要的自我评估以确定自己当前的身体状态,以及这些状态会对二胎产生的影响。

问题一:平时是否会进行一些简单的锻炼?

生命在于运动,无论有着多么好的身体条件,如果不坚持运动、坚持锻炼,那么随着时间的推移,身体机能也必然会迅速衰退。有些夫妻在结婚生子后,男方很快有了一个"啤酒肚",女方则身材完全走形,这带来的不仅仅是形象上的问题,也会给身体状态和精神状态带来不利的影响。如果平时能坚持做一些简单的运动,比如每天下班后能够在健身房泡上半小时或一小时,哪怕只是坚持早晚慢跑几公里,都能够帮助你维持一个较好的身体状态。

问题二:平时在工作或做家务时是否会经常感到身心疲惫?

你在平时的工作和家务中,是否会感到十分疲惫?你是否下班回家后就躺在床上什么都不想做？你是否爬个楼梯就会气喘吁吁、心跳加快？这些都是缺乏运动、身体机能严重下降的表现。如果当前尚且如此，那么在怀孕期间，要增加多达十几公斤的身体负担，你的身体又能否顺利承担呢？当孩子出生后，你又能否顺利地承担起照料婴儿的烦琐任务呢？所以，当你能够轻松自如地应对当前的工作和生活时，再考虑备孕二胎吧。

问题三：你是否存在营养不良的问题？

你平时的饭量是否能够达到正常水平？是否有挑食的习惯？是否有消化不良的表现？是否有缺钙、贫血等症状？如果你本人都处于营养不良的状态，又如何保证胎儿能够顺利地吸收营养，正常成长发育呢？营养不良可以通过锻炼、饮食来不断调节，在回归正常的营养水平前，先把备孕二胎的想法放一放吧。

问题四：你的血糖、血压是否正常？

你是否存在高血糖、高血压等症状？如果你自己的血糖和血压都不太正常，那么怀孕期内会有较大的可能发生妊娠高血压和妊娠糖尿病等，这不仅会给你带来很大的健康风险，也会严重影响胎儿的健康。所以，对于有高血糖、高血压倾向或已经有这些病症出现的妈妈们，为了自己和胎儿的健康着想，不要轻率地决定生养二孩。

问题五：你的各项器官功能是否足够强大？

你的心脏功能是否强大，能否保证在怀孕时也能轻松承受？你的肾脏功能是否强大，能否承受两个人排泄废物的负担？你的甲状腺功能是否正常，是否能维持正常的内分泌水平？这些都是需要事先考虑和评估的。必须要保证自身的主要器官功能强于正常水平，才是备孕二胎的身体条件。如果仅仅是勉强达到"及格线"，那么在多了一个胎儿的负担后，很有可能发生各种不适症状。

当然，以上只是一些简单的自我评估，如果想要具体、准确地了解自身当前的身体状态,夫妻双方最好去正规医院做一套孕前检查,确保自身当前的身体状态能够顺利承受备孕二胎的各项挑战。

年龄并不是影响二胎生育的决定性因素,即便是"奔四"也并非是生育的"禁区",关键还是要有一个健康的身体。据健康专家说,同为 40 岁的群体,健康与不健康的人之间的生理年龄也有可能相差 8~10 岁。看看那些肌肉紧实、消化顺畅、精力充沛的"高龄夫妇",有了这样的身体状态,备孕二胎自然毫无压力。

以生育二胎作为目标的夫妻,如果当前的身体状态不甚理想,最好能够制订一套健康计划,改变不良的生活状态,平衡膳食,并加强运动锻炼,努力让自己实现"逆生长"。在强化自身生育能力的同时也有助于提高胎儿健康水平,这既是对自己的负责,也是对孩子的负责。

02 生二胎,这些风险你必须知道

尽管现在医疗水平和医疗条件在不断提升,但仍然不可能百分之百杜绝生育过程中的各项风险,保证母子平安。有些妈妈们认为自己已经生过一胎了,生二胎也不会有什么潜在风险,但事实并非如此。随着年龄的增长,特别是在 35 岁以上时,妈妈们发生生育风险的概率会急速上升。这些风险,是每一个想要备孕二胎的妈妈们都需要提前了解的。

风险一:35~40 岁的孕妇,胎儿患有唐氏综合征的概率要比低龄孕妇高 7~10 倍。

随着孕妇年龄的增长,第一次减数分裂时间延长会导致卵母细胞老化,出现染色体不分离,形成染色体数目异常的卵子,胎儿染色体异常的概率也会随之增长。特别是 35～40 岁,尤其是 40 岁以上的高龄孕妇,其出现染色体异常的概率要比年轻孕妇高出 7～10 倍。而临床中最为常见的染色体异常之一就是唐氏综合征,又称 21-三体综合征,也就是俗称的智力低下。患上唐氏综合征的婴儿,较为明显的症状就是面容异常、智能水平低下。患儿无论是对于家庭还是对于整个社会来说,都会造成很沉重的负担。

专家建议,如果孕妇在以前曾怀孕或分娩过患有唐氏综合征的胎儿的话,在怀孕二胎时就必须做羊水穿刺或是孕中期血清标志物筛查来排除这种可能性。特别是对于高龄孕妇来说,进行全面的产前检查和诊断十分重要。

风险二:随着年龄增长,发生妊娠合并症的概率也随之增加,最严重时甚至会导致孕妇死亡。

对于高龄孕妇来说,整体身体状态肯定比不上年轻时,因此患上妊娠合并症,如慢性高血压合并症、糖尿病、肾病甚至是癌症的概率也会随之增加。在怀孕期间的某些症状会使得这些病症难以被发现,许多孕妇为了胎儿的健康,也会选择不看病或不吃药,导致病症难以被发现和得到有效治疗。

而在各种妊娠合并症中,最常见的当属妊娠期糖尿病和妊娠期高血压疾病。

1. 妊娠期糖尿病

高龄孕妇较易患上妊娠期糖尿病,原因主要包括随着年龄的增长,机体糖耐量减低;高龄易发生肥胖,从而引发糖尿病。妊娠期糖尿病对于胎儿的生长发育会产生极大的影响,包括:早产率增加;巨大儿发生概率增加,难产率和剖宫产率增加;高血糖降低胎盘对胎儿的血氧供应,导致胎儿宫内缺氧致死;胎儿畸形率增加;新生儿死亡率提高;新生儿患上呼吸窘迫综合征,低血糖的概率增加等。

2. 妊娠期高血压疾病

据统计,高龄孕妇妊娠期高血压疾病的发病率也明显高于年轻孕妇,主要原因是来自家庭和外界的压力,容易使她们的精神处于高度紧张状态。而如果孕妇曾经有过不良分娩,再妊娠时妊娠期高血压疾病的发病率还会更高。由于年龄的原因,许多高龄孕妇在怀孕前就已经患有许多内科疾病,如原发性高血压、代谢疾病等,所以风险较大。年龄超过 35 岁的孕妇,妊娠后期易并发妊娠期高血压病,尤其是重度子痫前期。有报告称子痫前期的风险随着孕妇年龄呈指数增长,特别是对于年龄大于 40 岁的孕妇,其风险为 35 岁以下孕妇的 1.5 倍。

专家建议,孕妇在备孕二胎前需要做一个全面的身体检查,不仅限于妇科,还包括肝胆脾胰、血压、血糖等全身体检,一次性地来排除一些器质性的疾病。对于高龄孕妇来说,还需要到专业的妇产科医院进行相关咨询,获取关于备孕二胎的建议。

风险三:曾剖腹产的孕妇,生育二胎可能会伴随大出血的危险,最严重时要切除子宫。

根据 2014 年数据显示,我国的剖腹产率达到 54%,部分地区更是达到了 72%。前一胎进行过剖腹产的孕妇,如果第二次怀孕时孕囊着床在瘢痕上的话,就会给孕妇的生育安全带来极高的风险。首先,随着子宫的增大,瘢痕会有破裂的可能。其次,如果检查发现有部分胎盘种植在瘢痕之上,那么这种凶险型前置胎盘导致的产后严重出血的概率还会进一步增加,最严重时需要切除子宫才能顺利止血。

专家建议,关于瘢痕子宫的风险,只能在怀孕期间加强检查,如果碰到前置胎盘和瘢痕子宫的话,一定要参考医生的建议慎重做出选择。所以,首胎产妇应尽量选择自然分娩,不要害怕自然分娩的疼痛,这样能够为二胎的生育提前做好准备,降低生育风险。

之所以揭示以上在生育二胎时可能会面临的风险,并不是要让广大备孕二胎的夫妻"望而生畏",而是希望有意愿生育二胎的夫妻们能够更加冷静、科学地看待二胎问题,提前做好预案,认真听取专家们的意见建议,通过积极的检查、锻炼、治疗等将自己的身体调整到最佳状态,以最科学的态度、最完备的方式去最大限度地预防二胎生育过程中可能产生的安全隐患。

03 生二胎,对女人健康的益处

生育二胎,会给广大妈妈带来一定的风险,但凡事都有两面性,二胎生育,也会给广大妈妈们的身体健康带来一些益处。因此,妈妈们在备孕二孩时不要有太大的思想压力,要认识到生育二胎对于自己的身体也是有好处的。那么生育二胎带来的益处具体有哪些方面呢?

1. 治愈子宫内膜异位症

子宫内膜异位症是与女性生育状态密切相关的一种"性情古怪"的疾病,即便现代医学取得了突飞猛进的发展,对于现代医学专家来说,这种疾病也仍有许多未解之谜。不过,唯一可以确定的是,由于怀孕导致女性每月的周期性排卵中止,会让这种疾病的发展也得到强有力的遏制。所以,对于患有子宫内膜异位症的女性来说,怀孕和生育是最有效和副作用最小的一种"治疗方法"。虽然不可能只是为了"治病"而去生养二胎,但是对于想要生养二胎的妈妈们来说,不妨将这一益处作为一种"意外收获"。

2. 推迟更年期

在女性的一生中,卵巢所能够排出的卵子数量是有限的。在妊娠期和哺乳期内,由于激素的作用,孕妇和产妇会暂停排卵,直至哺乳期的第四到第六个月才会恢复。由于卵巢推迟了一二十个卵子的排出,因此妊娠期和哺乳期时间较长的女性的更年期也有可能被大幅推迟。

3.提高机体免疫力

一次完整的孕育和分娩胎儿的经历,能够显著增强女性生殖系统的抗肿瘤能力,从而降低乳腺癌、卵巢癌、子宫内膜癌的发病率。怀孕和分娩能够使母体的各种机能都得到一次综合性的锻炼,由此使身体的排毒、抗感染、抗癌和抗心血管病的能力得到增强。

4.降低卵巢癌、乳腺癌发生概率

在怀孕期间,女性体内会产生一种抵抗卵巢癌的抗体,这种抗体能够有效地阻止卵巢癌的发生。怀孕的次数越多、初次怀孕的时间越早,该抗体的效果就越明显。另外,还有些调查发现,母乳哺育超过三个月同样能够降低某些癌症的发生概率。

怀孕降低乳腺癌发生的概率同样也是有据可查的。根据女性在怀孕期间卵巢会自动停止排卵的事实,专家判断那些排卵比较少的女性患上乳腺癌或卵巢癌的可能性就会比较小,而那些从未怀孕过或从未哺乳过的女性更容易患上乳腺癌。据统计资料显示,35岁以后生育孩子的女性患上卵巢癌的概率,要比未生育过的同龄女性低58%左右。

5.有助于延年益寿

据美国得克萨斯州大学人口研究中心的一项研究显示,女性生殖能力最强的时期并不是她们生育的最佳时期。研究中心负责人格雷高利表示,"有证据显示,高龄母亲比较早生育的母亲们的寿命更长"。而从事英国长寿老人研究的托马斯·派尔斯发现,40岁以后生育孩子的女性活到100岁以上的概率是一般女性的4倍左右。

随着年龄的增长,35岁以后的女性,身体各个器官的功能都在下降,激素水平也在不断下降,而激素对于人体来说是非常重要且有益的物质。在怀孕期间,人体就会产生大量的激素,而且这种天然激素分泌均衡,完全无害,不会打破人体正常的生理平衡。如果再配合均衡合理的营养物质补充,女性在整个怀孕和哺乳期内,全身的器官甚至都能够恢复至最鼎盛的状态。比如骨质,通常情况下35岁以后人体的骨质只会不断流失,不再增加,但是在35岁以后生育孩子的女性在怀孕和哺乳期内,骨质反而会大幅度地增长。

所以,对于想要生育二胎的女性来说,特别是对于那些大龄孕妇、产妇来说,生育二胎实属一种延年益寿的福音。

所以,妈妈们在决定是否要生育二胎之前,不要背负太大的思想压力,不要过于担心生育二胎会威胁到自己的健康,会加速自身的衰老。只要科学备孕,在怀孕之前调整好身体状态,在怀孕期间多多注重营养平衡,生育二胎能够给母体带来许多益处,甚至让机体从上至下"重焕青春"。

04 备孕二胎,要注意什么?

备孕二胎,对于许多家庭来说都是期待感与紧张感并存的一件大事,因此必须慎重对待。只要掌握了科学的备孕方法,关注备孕二胎中的注意事项,就能够有效预防各种风险的发生,使二胎宝宝顺利降生。特别是对于那些因为工作或其他因素而推迟了生育年龄的"高龄产妇"们来说,由于比较容易发生妊娠并发症以及其他问题,更需要掌握科学的备孕知识。

一般来说,女性的最佳生育年龄是在25~28岁,在此阶段中,女性的身体完全发育成熟,孕育胎儿的环境良好,是女性生育健康宝宝的"黄金时期"。但如今,由于晚婚晚育思想的影响和工作压力等因素,大多数选择生育二胎的产妇都在28岁以上,更有很大一部分超过了35岁,成了"高龄产妇"。不过,已经过了黄金生育期的女性们也不必过于担忧,只要掌握科学备孕的方法，即便是"高龄产妇"，同样可以安全、顺利地生下健康的二胎宝宝。

那么，在科学备孕二胎的过程中，要注意哪些方面呢？

1. 孕前身体检查不可忽视

孕前需要夫妻双方都进行身体检查，而且一定要到有资质的权威医院去做检查。除了进行心、肝、肾等常规检查外，还要重点检查是否有生殖疾病或生殖障碍，如发现要待病征完全治愈后方可备孕。

而女性要接受的孕前检查更加复杂一些，目前，女性常规孕前检查项目主要包括：常规必检项目（血常规、尿液分析），生殖系统检查（通过白带筛查滴虫、霉菌、支原体及衣原体感染，或进行梅毒血清抗体检测、艾滋病毒抗体检测等性传播疾病的筛查），宫颈防癌刮片，肝功能及乙肝六项检测，优生四项检查（风疹病毒、巨细胞病毒、弓形体和单纯疱疹病毒等）及遗传性疾病检查等。

此外，女性在备孕前还要检测血糖和血压状况，检查是否患有盆腔炎等等。对于曾经流产的女性，还要重视血型检查，以防新生儿免疫性溶血性疾病的发生。

有些人表示："我在生育一胎前已经做过详细的检查了，一切正常，生育二胎还需要做如此细致的检查吗？"答案是肯定的。人的身体状态时时都有可能发生变化，一胎与二胎之间的间隔时间越长，越是要注重孕前身体检查。

2. 做好孕前保健，确保身体健康

备孕二胎的夫妻，首先需要保持良好的生活习惯，彻底远离熬夜、抽烟、喝酒等危害身体健康状态的不良习惯，多做一些适量的运动。这样既能使身心平静，增加自然受孕的概率，也有助于胎儿的健康生长。

其次，要保持良好的饮食习惯，特别是对于平时有挑食习惯的备孕女性来说,应尽可能多食用一些新鲜的水果、蔬菜,多食用高蛋白、低脂肪以及含钙丰富的食物,尽可能少吃生冷食物以及麻辣等刺激性大的食物。

最后,备孕女性应当注重补充叶酸,以有效避免胎儿神经系统疾病的发生。最好能够在备孕前3个月就口服叶酸,如果孕前没有及时服用,怀孕后也需要继续补充,直至怀孕12周为止。除了叶酸外还需要主要补充其他维生素,为孕育健康的二胎宝宝做好准备。

3. 了解受孕规律

想要增加受孕概率,掌握排卵日期就显得很重要了。最常见的方法是基础体温测定法,因为女性的体温会随着月经周期发生微妙的变化,准妈妈们可以去药房购买女性专用的基础体温计,它的刻度较细,能测量出较精细的体温变化。此外,准妈妈们也可以去购买排卵试纸来测定自己的排卵期。当然还有其他方式的选择,重要的是选择适合自己的。

4. 怀孕期间要注意膳食和营养均衡

女性在怀孕期间一定要注重补充营养,这既能使自身保持良好的身体状态,以承受孕育胎儿的压力,也有助于胎儿的健康成长。

但是,在怀孕期间也不可暴饮暴食,应当合理控制体重。过度摄入脂肪和蛋白质,会使胎儿过度发育。再加上随着产妇分娩次数增加,宫腔内体积增大,早孕反应轻,腹壁松弛,会增加巨大儿的发生概率,进一步引发分娩困难、产后出血等症状。因此,应尽量保持膳食和营养均衡。

5. 怀孕期间的重要检查不可遗漏

在妈妈们怀孕二孩期间,同样需要做一些重要的身体检查。在怀孕16~20周时,孕妇需要进行唐氏筛查,这项检查是提取孕妇的血液,检测血液中所含有的各种物质的浓度,以此来判断胎儿可能出现的一些病症。在怀孕20周以后,还需要做羊水穿刺,通常年轻孕妇不需要进行该项检查。研究表明,随着孕妇年龄增长,卵巢逐渐衰老退变,卵子也会自然老化,发生染色体畸形的概率就会增加,会导致先天愚儿和畸形儿的发病率增加,而这项检查可以直接获知染色体数量,从而得知胎儿是否存有异常。

6. 学会放松,善于疏导压力

在备孕和怀孕期间,妈妈们难免会经历希望、失望、担心、焦虑等心理状态,进而带来沉重的心理压力。而保持愉悦的心情和轻松的心态是很重要的,特别是对于女性来说,务必要学会及时疏导和释放压力,平时还是应当同朋友们多沟通交流,适当地发展自己的兴趣爱好,尽可能始终保持良好的精神状态。

7. "高龄产妇"需要做好提前应对

高龄产妇自然分娩的难度更大,需要提前做好准备。高龄孕妇的骨盆比较坚硬,韧带和软产道组织弹性较小,子宫收缩力相应减弱,容易导致产程延长,甚至发生难产、胎儿产伤和窒息。因此高龄孕妇剖宫产适应征较多,通常有90%的高龄产妇会选择剖宫产。

8. 其他注意事项

除了以上事项外,备孕二胎的女性还需要注意以下几点内容。对于放避孕环的女性,一般在怀孕之前的 4 个月取环比较好;对于长期吃避孕药避孕的女性,则一定要在停药 3~6 个月后才能顺利怀孕。如果家中有猫狗之类的宠物,那么尽量把宠物与孕妇分开,同时接受 TORCH 等一些病毒检测,以免因为病毒感染或弓形虫等寄生虫感染造成宝宝神经系统异常。准备怀孕以及怀孕期间的女性,生病去医院看病配药时,也一定要记得向主治医生说明自己正在计划怀孕的想法或者已经怀孕的事实,避免部分医生在不知情的情况下,使用了一些可能会影响胎儿正常发育的药物。

夫妻在备孕二胎之前,可以多花一些时间去学习和准备,多咨询产科专家的意见建议,多向经验人士"取经",掌握一套完整的科学备孕方法,避免在备孕过程中手忙脚乱或是因身体或精神状态不佳而给母体及胎儿造成伤害。

05 当心！七个问题阻碍女性怀二胎

许多计划生育二胎的家庭在备孕期间并不顺利,因为生育二胎不比生育一胎,有许多因素的存在都会阻碍女性顺利怀上二胎。具体来看,女性在顺利怀上二胎的过程中会遭遇七大障碍。

1. 精神高度紧张,压力过大

如果长期处于较大的生活和工作压力下,精神上始终维持高度紧张状态,就容易诱发女性内分泌紊乱,造成月经紊乱甚至无月经、不排卵的状态,在这种情况下,自然会难以顺利怀上二胎。

对于许多生育了一胎的女性来说,事业上处于关键时期,需要自己加倍投入。而回到家中,上要照顾老人,下要照顾小孩,确实会面临着极大的压力。因此,学会如何排遣压力,保持一个平和的心态是很重要的。

2. 年龄增长造成生育能力下降

年龄的增长对于女性生育能力的影响也是非常大的,从正常的女性生理规律来说,30 岁以后的生育能力便会缓慢下降,在 35 岁以后会迅速下降。据估算,女性在 35 岁时的生育能力仅为 25 岁时的一半,而 40 岁时的生育能力仅为 35 岁时的一半。到了 44 岁以后,约有 87％的女性会失去受孕能力。

而且,随着年龄的增加,女性的总体健康也会逐年下降,这也会在一定程度上影响女性的怀孕概率,并对之后的妊娠过程造成沉重的负担。

3. 过度肥胖

许多女性在生育完一胎后,由于身材走形,便"自暴自弃",不再限制饮食,大量食用高脂肪、高热量食品,导致体重长期维持在高水平上,这不仅仅会影响女性的形象,对于身体健康以及生育二胎也会造成不利的影响。

肥胖会破坏女性内分泌,阻碍排卵,还会引发各种健康问题,比如高血压、糖尿病、心脏病等。这些疾病不仅会使女性难以怀孕或不孕,而且还会在怀孕过程中引起一些并发症。

4. 盲目减肥

过度肥胖的另一个极端就是盲目减肥,许多女性在生育一胎后,难以忍受自己身材走形,便通过过度节食来达到减肥的目的,但是这种盲目的、不科学的减肥方式无疑会给身体健康造成影响。

盲目的过度减肥有可能会导致女性内分泌紊乱、月经周期失调、排卵停止等症状,而过度节食所带来的营养不良、微量元素严重缺失等问题,也会影响到女性的生育能力。

5. 人工流产

专科医生表示,女性流产的次数与发生不孕症状的概率成正比。多次人工流产易导致女性患上盆腔附件炎,输卵管发炎后堵塞,进而导致不孕。而且反复人工流产还会使子宫内膜变得很薄,日后一旦怀孕,也容易发生胎儿发育不良、自行流产等现象。

6. 生殖器官炎症

一些女性生殖器官的常见炎症也会引发不孕。比如,患阴道炎时,阴道内酸碱度发生变化,白细胞增多,这些都会妨碍精子的成活;宫颈炎症造成的局部内环境改变,不利于精子通过宫颈管,也可导致不孕;盆腔感染如果治疗不及时或不彻底,尤其是结核性或淋菌性感染,也容易导致不孕。

7. 不良的生理卫生习惯

有些女性不注重养成良好的生理卫生习惯,也容易引发一些影响怀孕的病症。比如,性爱不卫生,感染性病,不知不觉引发了盆腔炎,导致不孕;经期性生活容易使细菌和血液通过松弛的宫颈口进入盆腔,引发感染等。

所以,对于有生育二胎意愿的女性来说,最好能够提早一段时间做好身体准备,平时注意强身健体,慢跑、打羽毛球,哪怕是散步逛街,也比一直"宅"在家里更有利于身心健康。同时,要调控饮食,不要食用油腻、辛辣的食物,多吃瓜果蔬菜,保持营养均衡,将体重控制在一个合理范围内,这对于身心健康都有好处。而那些有着吸烟、饮酒习惯的女性,更是要提前一年戒烟、戒酒,保持自身健康的同时也有助于胎儿的健康。此外,不要让工作和生活中的烦恼长时间地占据自己的内心,要学会自我疏导,同他人共同分担压力,保持乐观的精神状态。

阻碍女性顺利怀上二胎的7个问题,绝大多数都是可以通过身体和精神上的自我控制、自我调节来予以应对和解决的。在备孕之前,将身体和精神状态调整至最佳状态,是顺利孕育二胎宝宝的基础性工作。

06 男性备孕二胎,应小心四大"拦路虎"

备孕二胎,是夫妻两人共同的责任,千万不要以为男性在备孕二胎的过程中不需要像女性一样承担重要责任。男性在备孕二胎的过程中,必须小心四大"拦路虎",才能顺利孕育二胎。

1. 肥胖

女性在生育一胎后,往往会面临身材走形、严重发胖等问题,但实际上男性也同样存在这一问题,甚至比女性更严重。许多男性在结婚生子后,很快便形成了一个"大肚腩",这对于身体健康和孕育二胎都是不利的。在肥胖的男性体内,往往会贮存着许多有害的化学物质,比如,致癌化学物质多氯联苯就较多地存在于脂肪中。除此以外,肥胖者往往会更加怕热,这对于精子的成活也是一种威胁。没有一个健康的体魄,自然会引发一系列的不育问题。

预防肥胖或是减肥的必要手段是多运动、多锻炼,同时适当控制饮食,而一味地节食无法取得很好的效果。男性在婚后就应该确定一两项适合自己身体状况的运动方式并长期坚持,以增强心脏功能,让心肌更厚实,心脏收缩更有力,从而提高血管功能,改善微循环。

2. 偏食

在许多人的印象中,似乎女性更挑食、偏食,但实际上,男性中也存在很大一部分偏食者。无论是只吃荤还是只吃素,或是不爱吃瓜果蔬菜等,都不利于身体健康和营养均衡。而精子的生成需要优质蛋白质、钙、锌等矿物质及微量元素、精氨酸、多种维生素等,如果长期偏食,饮食中缺少这些必要的营养元素,就很容易影响精子的数量和质量,从而带来育儿问题。

纠正偏食的主要方式是改变饮食习惯,注重饮食的营养均衡。男性在日常生活中,应该多注重均衡摄入多种营养元素,多吃富含优质蛋白质的食物,比如深海鱼虾、牡蛎、大豆、瘦肉、鸡蛋等。海产品不仅污染程度低,还含有促进大脑发育和增强体质的 DHA、EHA 等营养元素,对于备孕男性来说十分有益。对于营养严重失衡的男性,也可适当服用一些营养品来安全、高效地补充缺失的营养元素。

3. 烟酒

在现代社会中,无论是工作应酬还是社交聚会,烟酒几乎是男性的必备工具。有些人认为,男性要抽烟喝酒看起来才"潇洒",但是烟酒却是男性健康的"头号杀手",容易引发一系列不孕不育问题。烟草中存在几十种毒害物质,很容易导致精子畸形率大幅度增加、精子活性低下等;而酒精则会影响胎儿智力发育,导致低能儿的出现。

所以,对于想要备孕二胎的男性来说,务必要远离烟酒。对于有长期吸烟饮酒习惯的男性,专家建议,要在备孕前 3～6 个月彻底远离烟酒,保证体内的有害物质能够顺利排出,以最健康的状态积极备孕。

4. 高温

一般情况下,男性体温普遍比女性体温高,但如果长时间处于持续高温状态,也会影响精子的成活率。有些男性特别喜欢穿紧身牛仔裤或者长时间骑自行车,其实这些都不利于保持精子活力。

备孕二胎的男性应该特别注意别让高温伤身,尽可能穿宽松的衣服,同时远离持续高温环境,不要选择过于激烈的运动,少骑自行车,少泡热水澡,不蒸桑拿浴等。而对于厨师、冶金工业、建筑工地、电焊工等高温环境的工作者来说,应该更加注意日常降温,最好能够暂时远离这些高温环境后再备孕二胎。

广大男性不要错误地认为生育二胎主要是女性的责任,因而放松了对自身的身体健康要求。以上提出的四大"拦路虎",都是影响男性生殖健康的几大重要因素,广大男性应该一一对照,寻找和发现自身存在的问题,在改变不良的生活习惯、调整好身体状态后,再积极地备孕二胎。

07 想生二胎?"三项注意"要落实

生育二胎不能"随心所欲",除了夫妻双方要做好必要的身体和精神准备外,在备孕以及怀孕期间,一些关键性的注意事项务必要好好落实。在二孩政策放开之后,除了"生与不生"的纠结外,许多家庭还在纠结"能不能生",特别是目前满足二胎生育政策的女性有60%年龄都在35岁以上,从备孕到生产,她们要面临更大的风险才有机会孕育健康的二胎宝宝。对于想要生育二胎的家庭,特别是高龄产妇来说,必须要密切关注"三项注意"。

注意事项一：科学选择二胎备孕时间。

二胎的备孕时间，首先应当根据一胎的生育时间来确定，二胎和一胎应该间隔多长时间为宜呢？一般来说，如果第一胎是顺产，那么产后 6 个月、身体已经完全恢复的情况下就可以备孕二胎；但如果第一胎是剖宫产，那么备孕二胎的时间则要慎重选择。因为剖宫产以后，子宫切口会形成一个瘢痕，若再次怀孕的间隔时间太短，切口瘢痕还未完全修复，容易发生子宫破裂。而如果间隔时间长太，瘢痕组织肌化时间过长，其弹性就会变得很差，也同样会增加发生子宫破裂的概率。因此，一胎剖宫产过后，备孕二胎不宜过早也不宜太迟。一般来说，再次妊娠分娩最好与前次妊娠间隔 2～3 年。

此外，女性有两次以上习惯性流产或早产史者，应把受孕时间往后推移一年以上。而一胎孕前腹部接受过 X 光照射者，也应将二胎备孕时间向后延迟 2～3 个月。接触过农药、杀虫剂、二氧化硫、铜、镉、汞、锌等有害物质较大剂量或较长时间的，体内残留量一般至少在停止接触后 6 个月至 1 年以上才能够基本消除，在此期间自然也不宜备孕。

除此之外，夫妻双方还应当保持良好的生活习惯和饮食习惯，准备好健康的身体后再考虑备孕二胎。对于有吸烟饮酒习惯的夫妻，应该在完全戒掉烟酒 3～6 个月以后再备孕。同时，不要熬夜，保持早睡早起的习惯，早起后最好能够做些简单的运动，并长期坚持下去。要改掉不良的饮食习惯，不偏食挑食，不食用过量的油腻、辛辣、生冷、高热量的食物，注重荤素搭配、营养均衡。应该在养成极佳的生活和饮食习惯，将身体状态完全调整好后，再考虑备孕二胎。

注意事项二：孕前检查不可或缺。

"我在生育一胎时已经做过检查了，而且一直以来身体状况也很好，备孕二胎时没必要再做检查了吧？"许多妈妈们在备孕二胎之前都会有此疑问。但专科医生建议，无论是第几次生育，孕前检查都是必须要做的，特别是对于那些和一胎间隔时间较长的,或是年龄超过 35 岁的大龄二胎产妇来说,不仅要做孕前检查,还要做得特别全面仔细。而且,不仅仅是女方,男方同样也要接受孕前检查,以明确当前的身体状况是否适合备孕。不要自认为自己平时很少生病就忽略了检查,有许多隐性的健康问题是"自我感觉"所察觉不到的,必须通过专业的检查才能发现。

做好孕前检查是很有必要的,可以提前发现各种生育问题。在孕前检查出各类病症,就能够得到有效的治疗,如果孕后才检查出某种疾病需要治疗,必然会因为胎儿的原因受到用药限制,也会给孕妇的生理和心理带来沉重的压力。因此,夫妻双方都不应对孕前检查有排斥心理,一旦找准病因就应当积极应对,而不是凭借着侥幸心理去碰运气,毕竟孕育新生命马虎不得。

对于高血糖、高血压、肥胖等"现代病",夫妻双方应当坚持药物治疗和生活习惯调理相结合的方式,既要积极用药,也要加强锻炼、调整饮食结构,以尽快控制病情或是恢复正常身体健康指标。

如果夫妻双方经检查后确定身体状况确实不适宜备孕二胎,也应当看开一些,果断地放弃。

注意事项三:孕期产检万分重视。

有些妈妈认为,只要在怀孕期间注重安全和健康,自己照料好自己,二胎的产检可有可无,其实这种想法大错特错。许多孕妇在怀"二孩"时都已经不再年轻,身体的抵抗能力和适应能力与年轻时已不可同日而语。平时自己一个人时身体可能还没有感觉,而一旦进入怀孕期,要负担宝宝的成长,许多风险就会爆发出来。如妊娠期高血压和妊娠期糖尿病等症状,也只有通过孕期检查才能及时地发现并采取相应的救护措施。

对于二胎宝宝来说,妈妈的年龄越大,宫内发育迟缓和早产等现象的发生概率就会相应增加,胎儿出现畸形的可能性也会增加。特别是对于 35 岁以上的高龄孕妇来说,生育出染色体异常的宝宝的概率在通常情况下是会明显提高的。而这些问题都需要通过专业的产检来及时发现,所以,万不可轻视孕期产检,也不要因为疏忽大意错过了关键的产检时间,使自己和胎儿的安全健康都得不到保障。

不过,即便在孕期检查中出现了这样那样的问题,二孩妈妈们也不要过于焦虑,应该尽量保持乐观平和的心态,同时积极配合医生的诊治,待身体状况合适怀孕了再考虑这件事。

以上三个注意事项,都是二孩父母们在备孕和怀孕期间需要了解、牢记和履行的,过于轻视生育二胎的潜在问题和风险绝不是富有责任感的父母应有的心态。要重视问题而不过分忧虑问题,提前采取行动,发现问题并配合专家的意见和自身去解决问题,将所有的二孩生育隐患都尽可能消灭在萌芽状态。

08 一胎剖宫产,二胎生产要慎重

许多孕妇妈妈们都听说过"一胎剖,一生剖"的说法,意思是只要在生育一胎时选择了剖宫产,以后每一次分娩都必须选择剖宫产。这种说法确实有一定道理,但也不是绝对的。

"一胎剖宫产,永久剖宫产"的理念,最早是由美国的医学界于1916年提出的,原因是剖宫产后,瘢痕子宫承受压力的能力比较差,如果顺产而受到宫腔的压力时,很有可能出现破裂,甚至大出血。出于安全的考虑,医生们往往会选择更稳妥的分娩方式。但是自20世纪80年代后,上述理念的绝对性被打破,美国医学界提出了"剖宫产术后阴道试产"的概念,此后便开展了大量关于剖宫产后二胎顺产的研究。近年来,我国的一些大型医院也在积极尝试剖宫产后二胎顺产。

所以,第一胎选择剖宫产的妈妈们,在第二胎还是有机会选择顺产的,主要还是看孕妇妈妈们的身体状况。只要一胎剖宫产的妈妈在第二胎怀孕的时间间隔有 3 年以上,并且这次没有上次剖宫产的指征,比如胎儿宫内窘迫、子宫收缩乏力、胎位不正等情况,那么第二胎还是可以选择顺产的。

相反,如果第一胎选择剖宫产,在第二胎怀孕期间出现了以下几种情况,那么二胎生产最好仍选择剖宫产。这些情况包括:(1)第一次剖宫产的指征依然存在,如骨盆狭窄、头盆不称、胎位不正、软产道畸形或狭窄,以及内外科合并症,如心脏病等;(2)第二次怀孕时有严重的产科并发症,如重度先兆子痫、前置胎盘、胎盘早剥等,不适合采用顺产;(3)第二次怀孕时胎儿存在问题,如胎儿宫内缺氧、多胎妊娠、宫内感染、胎儿过大等;(4)第一次剖宫产的子宫切口愈合不良,如子宫切口厚薄不匀、切口瘢痕处过薄、有子宫切口硬裂或破裂,或者第一次手术切口为子宫纵切口、子宫切口有严重裂伤进行修补手术等情况;(5)第二次怀孕在顺产的试产过程中,如果产程进展不顺利,或出现胎儿缺氧,有子宫切口可能(或已经)硬裂的情况,需紧急进行剖宫产手术。

不过也有专家认为,如果第一胎是剖宫产,产后子宫会产生瘢痕,肌纤维也会受到破坏,使子宫耐受张力的情况明显降低,所以第二胎顺产的风险很高,最严重时会导致子宫破裂,或者出现大出血,危及母子生命,所以并不建议二胎顺产。可以肯定的是,如果第一胎是剖宫产的话,无论间隔多长时间,第二胎选择顺产都会伴随一定的风险。其实,不管是哪种分娩方式都是各有利弊,准妈妈们应该要保持平和的心态,根据胎儿的发育情况来确定生产方式,不要太过于担心焦虑。

第一胎选择剖宫产的妈妈们,务必要选择好备孕二胎的时间。剖腹产后子宫壁的刀口在短期难以完全愈合，如果过早怀孕，胎儿的发育会使子宫不断增大，子宫壁变薄，尤其是手术刀口处是结缔组织，缺乏弹力，新的瘢痕在妊娠末期或分娩过程中很容易胀破，从而造成腹腔大出血，甚至威胁生命。所以，一般情况下，备孕二胎最好选择在手术两年以后，给予子宫充足的痊愈时间，这样会比较安全。不过，如果经医生确认具备怀二胎的身体状况，在术后不到两年备孕二胎也是可以的，只是要非常留意胎动情况，出现腹痛就要及时就医，防止腹部受挤压，提前到医院待产。

除此之外，在选择剖宫产时，还需要特别注意术后粘连的风险。剖宫产后出现术后粘连的情况比较常见，只是程度有轻有重。它的发生是由众多因素引发的，包括高龄产妇、手术创伤大小、医生的手术技巧、病人个体体质等。据美国的一项临床研究显示，首次剖宫产后出现术后粘连的概率为46%，第二次后上升为76%，第三次后更是高达83%。术后粘连的危害也是多种多样，包括延长产程、慢性腹腔疼痛、小肠梗阻、不孕不育、术中并发症等，最严重的甚至会危及孕妇们的生命。

对于以下几类妈妈群体，要特别注意预防术后粘连，包括：年龄较大且首次剖宫产的人；有疤痕体质的人；患有慢性炎症和子宫内膜异位症的人；做过多次人工流产，接受过各类妇科手术、外科手术的人。

面对剖宫产术后粘连的问题，预防比治疗更重要，包括术前同医生积极沟通和术后悉心护理。在剖宫产术后，随着麻醉药的作用消退，腹部伤口的痛觉会逐渐恢复，甚至出现剧烈疼痛，但如果频繁使用止痛药物会对术后的健康恢复造成影响，所以产妇最好能够多加忍耐，尽可能少依赖止痛药物。产妇在术后应多食用清淡食物和半流质食物，可以多摄取高蛋白、维生素和矿物质以帮助组织恢复，也可以多摄取纤维素以促进肠胃消化。切忌食用牛奶、豆浆，以及含有大量蔗糖的易胀气食品，也要避免油腻和刺激性强的食物。产妇在术后应当尽早活动，在卧床期间可以练习翻身、坐起等简单动作,待身体有所恢复就要争取下床慢慢地走动。

所以,只要身体条件允许,在第一胎时应尽可能选择顺产生育,这样能为今后的生育提供更多的选择性,不要因为害怕产程痛苦就轻率地选择剖宫产。如果一胎只能选择剖宫产,也要在术后积极地护理,争取尽快恢复。同时,在备孕二胎时,也要科学地选择备孕时间,并根据自己的身体状况、二胎宝宝的发育状况选择合适的生育方式。选择剖宫产生育一胎宝宝的家庭在备孕二胎时应该多做检查,多与专科医生沟通,以慎重的态度对待二胎生产。

09 生二胎不能太"自信",临产更应细心

许多一胎生育特别顺利的妈妈们,在生育二胎时往往会自信心"爆棚",虽然这样有助于缓解心理压力,但如果因此过于疏忽大意,也不利于母婴的健康和安全。由于产妇年龄增长、身体健康状况变化以及其他因素的影响,有可能会导致产程缩短,让一些二胎产妇及其家人措手不及。所以,一旦二胎孕妇出现了临产征兆,务必要第一时间送医,以免发生意外事故。

中国江苏网曾经曝出了这样一条新闻:36 岁的二胎孕妇任女士在凌晨感到小腹发紧,由于想到生第一胎时足足疼了三天,这一胎应该不会这么快生,便没有在意。然后,一个小时过去后,任女士的肚子疼得越来越厉害,间歇期也越来越短,感觉情况不对的她立即给正在单位值夜班的丈夫打电话。又过了 10 分钟后,任云感到孩子马上要出生了,她立即拨打了 120。待其丈夫赶到家时,任

女士的羊水已经破了,胎头也堵在产道口。直到凌晨 4 点左右,任女士产下一名女婴,她的丈夫只能用干净毛巾托着小婴儿。此时 120 人员赶到,她们迅速给婴儿断脐、包扎脐带,进行复苏抢救后,将婴儿送入市医院新生儿科进行进一步检查和生命支持。最终经查,母女都未遭受太大的创伤。

市医院的产科医生表示,"任女士母女的情况实属幸运,在院外分娩存在很大风险性,会伴随着新生儿窒息、新生儿吸入性肺炎、产后出血、产道裂伤等多重风险。"而任女士也表示,一想到在家中生产可能导致二胎宝宝承担感染的风险,就为自己一时的疏忽大意感到后怕。

很多准妈妈们在生育第一胎时,由于是第一个宝宝,所以特别注意优生优育,再加上缺乏经验,在紧张感的驱使下也会特别小心翼翼,生怕出现什么意外。那么,难道因为是第二胎就可以松一口气,放松生育要求了吗?肯定不是这样的。如果因为自己的疏忽而导致新生儿身体孱弱、素质不佳,相信这是每一个母亲都不愿看到的。

生育二胎的准妈妈们应时刻注意自己身体的变化,特别是临产时,更是要万分细心。二胎孕妇的急产现象极为多见,这是因为经历过生产的妈妈们的子宫颈容易扩张的缘故,特别是第一胎选择顺产的女性,或是第一胎就出现了急产现象的女性,第二胎急产的发生率也会进一步提高。由于二胎孕妇的产程比第一胎快得多,所以在接近预产期时就应该做好充分的准备,一旦出现宫缩、见红等临产征兆,应马上到医院等待分娩。到医院后,孕妇可以直接去产室找医生,让家人去办理挂号等手续,以节省更多时间。

在二胎临产前,孕妇如果出现以下四种征兆,就要立即做好相应的准备或及时送医。

1. 宫缩前或宫缩中排出分泌物

子宫收缩前或收缩中,阴道可能会流出一些混有黏液、呈现鲜红色或暗红色的血丝状分泌物,这主要是子宫颈在变薄、变软中产生微血管破裂所致。分娩前几天一般出血量不会太多,不需立即住院待产;除非发生阴道大量出血,表示有其他危急事件,如果是前置胎盘、胎盘早期剥离等,才需立即就医。

2. 子宫发生频繁的不规则阵痛

分娩前几天会出现不规则子宫收缩、下腹部疼痛的症状,即假宫缩。一开始间隔时间可能是 20 分钟,之后越来越不规则,准妈妈此时可以借助走路、休息来减轻疼痛。这种疼痛不会造成子宫颈扩张,所以称为假性阵痛,表示它离真正生产还有一段时间。

3. 宫底降低

分娩前几天胎头下降至骨盆腔中,准妈妈会感觉呼吸较平顺,容易吃得下东西。不过胎头可能会压迫膀胱,产妇会出现越来越频繁的尿频、腹坠腰酸的感觉,这时就需要做好准备,密切关注身体状况。

4. 羊膜破水

子宫收缩加强会使子宫腔内压力增高,促使羊膜囊内淡黄的羊水流出,称之为"破水"。破水后一般很快就要分娩,此时产妇千万不可直立或坐起以免脐带脱出,应立即采取平卧姿势,同时家属应迅速将其送往医院。

此外,预产期也并非是非常准确的日子,提前或延后数天生产的现象也都极为常见,所以生育二胎的准妈妈们务必要多多关注身体的分娩信号,发现状况及时住院待产,而不要稀里糊涂地根据第一胎的生产时间来预判二胎的生产时间。

无论在任何时候,行事谨慎都是必要的,对于生育孩子这等大事更要如此。具备生育经验的二胎准妈妈们,对待二胎生育也不能疏忽大意,应充分考虑到自身的身体状况变化和二胎生育的特殊状况。少一些"信心",多一些细心,对于二胎生育是很有必要的。

10 产后减肥,一定要健康

生完孩子后身材走形、明显发胖,是许多女性都会遭遇到的问题,所以产后减肥也成为许多一胎母亲和二胎母亲的热门话题。其实,产后减肥是很有必要的,这不仅仅能让广大妈妈们维持一个良好的形象,保持较好的精神状态,均匀的体态也有利于妈妈们的产后恢复和身体健康。不过,产后减肥万万不可激进,不能为了急于恢复原本的体型而"不择手段",选择科学合理的方法健康减肥才是最重要的。

那么,广大二孩妈妈们在进行产后减肥时,有哪些注意事项呢?又应该以哪些正确的理念和方式进行产后减肥呢?

1. 切勿节食,产后节食百害而无一利

女性在生产时会消耗大量的气血和体力,身体需要经过很长一段时间才能完全恢复,而这个时间段产妇特别需要大量补充营养,此时节食会使产妇营养跟不上,延缓产后恢复时间,甚至对身体健康造成危害。而且,此时节食会使母乳中的营养成分不断减少,这对于主要采用母乳喂养的婴儿来说,不利于其生长发育。而对于不需要母乳喂养的女性来说,产后的饮食注重清淡、营养均衡即可,也不宜大补特补,这样可能反而不利于健康。

任何时候,通过过度节食来减肥都不是一个好的选择,对于产后妈妈来说更是不能盲目节食。可以适度减少摄入高热量、高脂肪等食物,但不能这也不吃、那也不吃。同时,还要保证饮食的营养搭配,日常饮食中必须含有丰富的蛋白质、维生素和矿物质等,比如鱼、瘦肉、蛋、奶、水果、蔬菜等,这样才能保证产后妈妈与新生儿的营养摄入充分。

2. 产后瘦身不可急于求成

产后急于减肥可能会导致腹肌处于紧张状态,无法得到完全的放松,进而导致腹压增高、盆内韧带压力加大,这对子宫的恢复很不利。而且,产后妈妈的身体比较虚弱,如果进行过多的运动也会引发身体上的不适或导致意外事故的发生。此外,产后急于减肥还可能会引发一些在短时间内无法察觉的隐性健康问题,其后果可能直到十年或是数十年后才会被发觉,到时后悔可就来不及了。

女性在产后多少都会有一些发胖的现象,这都属于正常,不必过于担忧。等到孩子慢慢长大,过了哺乳期,自己的身体也逐渐恢复了之后,自然会瘦下去。即便没有成功瘦身,届时再采取一些减肥措施也完全来得及。有些产后妈妈急切地追求身材恢复,而把健康丢在了一边,这样的做法得不偿失,最好还是遵循自然法则,等到产后身体完全恢复后再根据需求采取相应的减肥措施。

通常情况下,产后6个月以内的妈妈们最好不要采用大量运动减肥的方式,但也不是说完全不活动,可以在饭后多散步,做健身操,做一些简单轻松的家务活等等。等到产后6个月,身体基本恢复后,才真正进入了减肥瘦身的黄金期,此时妈妈们可以进行长距离慢跑等运动,或是在健身教练的指导下进行相关的锻炼。

此外,产后妈妈们切不可使用减肥药物来辅助减肥,这样极有可能会打乱内分泌平衡,影响机体恢复,应该始终坚持科学的瘦身方式。产后的妇女因为孕期子宫膨胀的影响使得腹壁松弛,通常在6~8周的时间内会自行恢复,在此期间不宜过早地使用束腰带,以免影响身体的自然恢复。

3. 养成良好的饮食和运动习惯

减肥的最好方式,不是进行集中式、高压式的短期训练,而是在平时就养成良好的饮食和运动习惯,这才是最平稳、最健康的减肥方式。

那么,产后妈妈有哪些安全健康的用于控制饮食的妙招呢? 比如,平时可以多吃薄荷味的口香糖,清新的薄荷味会让你不太想吃东西;多吃一些低脂肪,而且你又很喜欢的食物;平时在包里、车里常备一些健康食品或是水果等,如果饿了就吃一些,可以让你精力充沛;身体恢复后可以多穿紧身的衣物,当你感觉胖了的时候就会自觉地不想多吃了;不要不吃饭,空腹感会促使你吃许多填不饱肚子的零食,这反而会引发肥胖。

通过运动减肥时,既不可盲目进行,也不能"三天打鱼两天晒网",每天的运动量可以不大、运动时间可以不长,但应当始终坚持。可以适当地进行有氧运动,比如慢跑、快走、游泳、登山、骑车等,这些方式都有利于快速减重。同时,应当注意避免进行过于剧烈的运动,这不仅容易造成疲劳,也会损害健康、导致受伤。

产后减肥是必要的,但健康始终是第一位的。妈妈们进行产后减肥不仅仅是为了良好的形象,同样也是为了使自己的身体保持最健康的状态,如果为此反而损害了身体健康,那么无疑是本末倒置。产后妈妈们应该始终保持平和的心态,不要整日为自己走形的身材发愁,要相信自己能够通过科学合理的减肥方式恢复昔日的完美身材。保持正常的作息,选择合理的膳食,坚持适度的运动,健康的产后减肥并不困难。

第 5 章

育儿准备：生不是问题，养才是问题

有的家庭可能在经济、情感、身体上都满足生二孩的条件，但是这并不代表就"万事大吉"了，因为二孩宝宝出生后的养育问题才是关键。这不仅仅是钱的问题，父母们是否有充足的时间和精力陪伴孩子成长，是否能为他们提供优质的教育，确保其人格的完善，这些都是必须考虑在内的。而且，扎堆生育二孩也会造成社会资源的紧张，医疗资源、教育资源的紧缺不仅需要政府去解决，也需要每个二孩家庭提前做好应对准备。

01 育儿自测：你适不适合生二孩？

生下二孩之后，随之而来的问题就是如何养育孩子成长，这个问题远比生二孩艰巨得多。父母不仅要照料孩子的吃穿住行，还要关注他们的身体健康、心理变化以及采取相应的教育方式等。而且，在孩子的不同年龄段，会遭遇不同的成长问题，这些都需要在父母的帮助下一一克服。

谈到"育儿能手",就不得不提到明星张柏芝。如今,在娱乐圈中,张柏芝俨然一位"超能妈妈"。自从和谢霆锋的婚姻破裂后,张柏芝承担起了抚养两个孩子成长的重任,坚定不移地做好妈妈的角色。虽然张柏芝已不再是炙手可热的大明星,但是通过投资影视,张柏芝很好地开拓了全新的事业,依旧具备着坚实的经济实力。而张柏芝不仅在物质上给予了两个孩子最大的满足,对于他们的关怀也同样是无微不至。无论是狗仔队、媒体还是网友,都频繁见到张柏芝带着两个孩子一起出游的情景。比如,2015 年 7 月,网友拍摄到张柏芝带着儿子去新加坡的科技馆参观;2015 年 8 月,张柏芝带着两个孩子来到台湾游玩;同年 8 月,张柏芝为孩子庆祝生日,尽管没有爸爸的参与,但两个孩子依旧洋溢着幸福的笑容。

所以,育儿绝不只和家庭经济相关,更关键的是能否以最强烈的爱与责任心去无微不至地关怀孩子,陪伴孩子成长,让他们在成长的过程中始终感受到无尽的爱与欢乐。所以,对于想要生二孩的父母们来说,应该进行自我反思,向"超能妈妈"张柏芝学习。也许你们不能像张柏芝一样为孩子提供那么好的物质条件,但是也一定要以同样的爱心和责任心去为孩子们提供丰富的精神生活,不畏任何生活中的艰辛。

问题一:你是否有充足的时间去亲自照顾孩子?

在两个孩子带来的巨大经济压力下,许多父母选择了一心扑在工作和事业上,将抚养孩子的任务交给保姆或家中的老人。也许夫妻两人通过辛勤的劳动可以撑起家庭的重担,保姆和老人也能很好地照顾孩子成长,但这并非真正好的育儿方式。父母应该与孩子保持足够多的接触,即便在孩子很小时也是同样。这并不代表夫妻双方必须有一方要辞掉工作全身心地陪在孩子身边。就算两人都选择工作,实际上还是有许多亲子互动时间的,但如果两人的工作都过于繁忙,每天都要加班至深夜,甚至周末也很少有休息,那么最好不要轻易地选择生育二胎,这不仅会让你们的生活变得异常辛苦,也难以给孩子留下美好的童年回忆。

问题二:你是否具备足够的教育和交流能力?

父母是孩子最好的启蒙老师,在孩子年龄很小时,有许多东西是早教老师或幼儿园老师无法教授的,而是需要父母加以指引。孩子的性格和习惯的养成,很大一部分要看父母的教育。具备教育能力,并不是说父母要有多高的学历,而是说要具备一定的教育知识和方法,知道如何才能让孩子更好地理解和接受。此外,二宝的出生可能会使大宝出现不良的心理状态,这些都需要父母与孩子多做交流,进行心理疏导。父母擅长交流,才能让孩子更加健康、快乐地成长,而不是长期生活在一个"压抑"的环境中。

问题三:你是否有能力和意愿与孩子们多参与一些互动活动?

有些父母认为,自己只要有足够的经济能力供孩子吃穿、供他们上学就行了,但在现代社会中这是远远不够的。吃穿和教育,仅仅是孩子成长中的最基本需求,想要让孩子更加快乐地成长,发掘出孩子们的更多潜力,父母必须要为孩子提供足够丰富的精神生活。比如,在周末带孩子一起去图书馆、动物园、科技馆、游乐场等地方,让他们增长见识或是快乐玩耍。再比如,趁着长假全家人一起外出旅行,增进家庭成员之间的感情。即便是平时,父母也可以选择给孩子讲故事,和孩子一起制作模型玩具等,抓住一切机会开展亲子互动。

问题四:你是否能够协调两个孩子的关系?

两个孩子之间由于不同的年龄、不同的性别、不同的性格等,都有可能在成长过程中爆发一系列矛盾,而父母必须成为两个孩子的"协调人"，消除他们之间的小摩擦、小冲突，让他们相互携手、共同成长。这就需要父母能够明辨是非，并且确定一套"严明"的育儿标准，不以一时的情感因素去偏袒任何一方。在两个孩子的不同成长阶段，有可能会爆发出截然不同的矛盾，协调两个孩子的关系的任务，远比许多父母想象中的要艰巨。

总而言之，在育儿工作中，对孩子精神世界的关注要远比对孩子物质生活的关注更加重要。父母不能只是因为自己有能力"养活"两个孩子就草率地决定生育二孩，而是要充分考虑到自己是否真正有能力、有时间、有精力去为孩子们提供丰富的精神生活，加深父母与孩子以及两个孩子之间的情感联系。

02 2个孩子的育儿成本
＜1个孩子的育儿成本×2

高昂的育儿成本，让许多想要生养二孩的家庭感叹"能生却养不起"。还有些父母说道："养一个孩子的日子都已经过得紧巴巴了，多一个孩子生活成本再涨一倍，哪里还受得了啊?"那么，两个孩子的育儿成本究竟如何呢?是否真的只是一个孩子的育儿成本的两倍这样简单呢?接下来让我们算一笔"二孩育儿账"。

随着二孩宝宝的出生，首先在饮食和义务教育费用支出上，肯定会直接翻倍，因为这些是必须要承担的"硬性成本"，完全没有节省的可能。但是除此以外，有很多成本都是可以节约的。比如，当两个孩子有一定的年龄差距时，二宝可以穿大宝穿过的衣服，不必再购置新衣物。二宝还可以使用大宝的婴儿车,玩大宝不玩的玩具等等。而对于那些两个孩子年龄差距不大的家庭,在聘请保姆照顾孩子时也只需要聘请一位,这部分的支出不是成倍增加的。如果说以上所节约的支出只是"零敲碎打",那么关于私家车和学区房的投入,两个孩子显然比一个孩子更"划算"。买一辆车和一套学区房,两个孩子都能够从中受益,事实上等于"均摊"了私家车和学区房的成本,提升了价值。

不仅如此,随着父母们抚养经验的丰富,也能在许多地方节省育儿成本。

来自广州的孙女士是两个孩子的妈妈,大儿子 5 岁,小女儿 1 岁半,家庭年收入在 20 万左右。据孙女士介绍说,现在抚养两个小孩的每月月支出在 4400 元左右,年支出 5 万多元,并未造成太大的经济压力。

孙女士进一步解释说,抚养小女儿的成本明显比抚养大儿子时降低了,在有了一胎的生育经验后,在生育二胎时就懂得了节约一些不必要的开支。比如,在买一些必要的婴幼儿用品时,不再只追求贵的,而是有经验地选择既实用又物美价廉的;而且,有了照顾孩子的经验后小女儿更不容易生病,即便患上了常见的感冒、发烧之类的小病,自己也积累了足够的护理知识去应对,这也节省了不少医疗支出。

所以,在资源共享和抚养经验的双重因素作用下,两个孩子的育儿成本并不会像许多人预想的那样直接翻倍,而是会明显低于一个孩子的育儿成本的两倍。

不过,相关专家也进一步提示了具体的养育成本是因人而异、因家庭而异的。比如,当两个孩子年龄差距不大、性别不一致时,在衣服、玩具、课外书等方面就很难节约多少成本。

而且,如今的许多父母对子女的投入力度过大,从小就开始奉行各种精英教育,比如上早教班、兴趣班等,这往往会显著拉高育儿成本。其实仅从基础教育的角度来看,供养一个孩子从小学到大学的基本费用仅为 11 万元左右,这是大多数普通家庭都能够承受的数字,但如果从小就在教育上过度投入,这个数字上百万都完全有可能。可是,这些精英教育方式能否取得效果,具体又能取得多大的效果,完全是未知数,如果盲目追求,甚至还会有一些副作用,比如抹杀孩子的天性,让他们对学习有厌倦感和恐惧感。因此,在家庭条件允许的情况下,采取相对"奢侈"的育儿方式未尝不可,但如果家庭经济状况一般,那么大可不必盲目跟风,完全可以将这部分钱节省下来,投到两个孩子必需的支出上。

此外,考虑到当前的整体通胀趋势,物价势必将持续上涨,这也会给两个孩子的育儿成本带来更多的不确定因素。可以预见的是,第二个孩子的饮食成本将会有所增加,逐年上涨的房价也会对家庭今后的生活造成更大的压力。对于饮食成本的上涨,我们可能无能为力,但是对于私家车、住房以及学区房等支出,在家庭条件允许的情况下可以选择提前投入,这不失为在通胀环境下节约育儿成本的方法之一。

两个孩子的育儿成本自然是不小的负担,但是有意愿生育二胎的父母们也不要过度恐慌。如果你们在抚养一个孩子时尚有余力,却因为经济原因放弃了生育二胎的想法时,那么不妨仔细地算这笔"二胎育儿账",看看哪些成本是必然会上升,哪些成本又是可以节约的,养育两个孩子的真实成本具体会是多少,也许你会惊奇地发现,养育两个孩子并不像自己当初预想的那样完全无力承担,而是可以通过"省吃俭用"来实现的。

03 做好时间管理,养娃、工作两不误

时间不够用,是困扰许多要兼顾事业和家庭的父母们的重大问题。既要养娃,又要工作,把一天的时间都用上有时也做不完。特别是对于那些有两个孩子的二孩家庭,更是如此。

让我们看一下一位二胎母亲一天的时间表。

6:30am	起床、喂奶、吃饭
8:15am	出发上班
8:45am	开始工作直至下班
6:00pm	下班搭车回家
6:30pm	到家,开始做饭吃饭
7:30pm	喂奶、哄宝宝睡觉
8:30pm	洗衣服、洗澡、看书
10:30pm	睡觉,半夜喂宝宝

在这个时间表中,这位母亲完全没有陪伴孩子的时间,也几乎没有自己的休闲时间。长此以往,不仅会让自己感到疲劳万分,也会使孩子在成长过程中得不到父母充足的关怀与陪伴。

我相信每一位父母都不想自己的生活被各种琐事填满,但更多时候只能感叹现实的无奈。其实,只要做好时间管理,梳理每天的行程、事项,完全可以提高时间利用率,做到养娃、工作两不误。

许多父母都觉着自己每天的时间都被工作和孩子占满,已经完全饱和,但其实不然。我们每天的时间就像是一个大小固定的瓶子,你往里面装满

碎石子,觉着它已经满了,但如果你接着向里面倒沙子,你会发现还能装不少,最后你还可以向里面注水,你会发现它也能装下。所以,只要你善于利用碎片化的时间,合理安排与调度,你会发现每天都还有许多时间可以被利用起来。

做好时间管理,应该遵循以下四项原则:一是有效利用时间,时间是有限的,所以我们想要提高时间的利用率,最好的办法就是提高自身的办事效率,当我们能够更快更好地完成一件事时,单位时间所能做的工作自然就增加了;二是重视时间的贡献度,做事情时不能闷头瞎忙活,要保证每一件事都能顺利完成,都能取得相应的结果和价值;三是要充分借助外力,做事情不必"事必躬亲",工作中可以适当寻求同事的帮助,生活中可以让每一位家庭成员各司其职,这就能够显著提升效率;四是进行有效决策,我们总会遇到事情集中、完全忙不过来的情况,这时就要分清轻重缓解,规划先后次序,有条不紊地一个个予以解决,切忌"眉毛胡子一把抓",最后什么都没做好。

具体来说,如何进行高效的个人时间管理呢?主要分为三个步骤:第一步是根据事情的重要性及紧急程度做好时间管理,第二步是消除非必要行动和低效行动,第三步是整合碎片化时间。

根据事情的重要性与紧急程度,我们通常会采用四象限法来进行分析。首先将自己每天的具体行动罗列出来,然后根据事情的重要性和紧迫性,将一天的所有事情按照"重要且紧迫的"、"重要但不紧迫的"、"不重要但紧迫的"、"既不重要也不紧迫的"四个部分进行归类。比如,给孩子喂奶就是重要且紧迫的事,而拿起手机闲聊就是既不重要也不紧迫的事。用四象限法诊断个人的时间,不仅能够让我们对自己一天的行动有一个清晰的认识,也能确定一些基本的行动原则。比如,重要且紧迫的事情需要我们立刻并认真地去完成;重要但不紧迫的需要我们在平时投入较多时间,确保有条不紊;不重要但紧迫的事根据具体的时间安排,可以选择尽快完成或是放弃;

而既不重要也不紧迫的事可以适度延后甚至直接放弃。

管理个人时间,就是认清自己工作和生活的时间安排,确保自己的时间真正得到了充分利用。在做事情前应该要经常问问自己:"如果这件事不做会有什么后果?"如果没有不良影响我们就应该立刻取消行动计划。比如,花费大量时间逛淘宝,废寝忘食地打游戏,这些行动都可以"删去"。

关于如何消除非必要行动和低效行动,我们通常可以采用帕累托法则,即"二八法则"来进行协调。比如在工作或事业中,20%的大客户往往能够为我们提供80%的收益,我们就应该将更多时间和精力放在大客户身上,这是既有效率又合乎逻辑的做法。而且,我们要在工作和生活中敢于说"不"。比如一个完全不需要你本人去参与的会议,你可以大大方方地拒绝,并将时间用在更有价值的工作上。对于孩子的无理取闹,也不能百依百顺,而是要敢于拒绝他们的无理要求,否则可能既浪费了自己的时间,也让孩子养成了不好的性格和习惯。

当我们明确了什么是优先行动、高效行动后,就可以通过良好的做事节奏去自由地支配时间了,此时就需要整合碎片化时间,争取时间利用效率的最大化。整合碎片化时间,关键是要掌握正确的"韵律",我们可以将一些事情进行合并归类,同时尽量用一段完整的时间去完成一件事。比如,有些妈妈会将做饭时间和亲子互动时间合并在一起,让孩子来帮忙择菜、淘米、打鸡蛋、准备餐具等等,这既提高了做饭的效率,也与孩子进行了一定的互动,同时还培养了孩子做家务的能力,可谓"一箭三雕"。再比如,当孩子做作业时,你也可以拿出一些在家里能完成的工作,对孩子说:"爸爸和你一起做作业,然后我们再互相检查。"这样就可以将各自的时间变为共同的时间。

还有些父母会纠结如何将时间分配给两个孩子,其实大可不必如此考虑,许多事情都是可以同时进行的。比如,你可以不必单独花时间与孩子分别互动,而是可以选择带他们一起看一场电影、进行一次郊游等,用一次行动满足两个孩子的愿望,完全不必纠结时间的分配问题。

除此之外,做好时间管理也离不开计划的支持,一个完善合理的计划是规范我们行动的好助手。时间是没有伸缩性的,我们每天只有这么多时间,无法去操控,唯一能够控制的就是自身的行动。而仅靠自制力,我们是很难始终规范自己的行动的,因此遵循计划的引导就很有必要。我们可以将每天需要完成的事情提前列一份清单,早晨起床看一眼,这样就对自己的一天有一个明确的打算。一些重要的事情还可以记在手机的备忘录中,定上闹钟来提醒自己。

制订并坚持一天的计划并不困难,难的是如何将这一天的计划扩展至一周、一月直至一年,并始终矢志不渝地坚持下去。我们必须始终坚持计划,并将之内化为一种习惯,使自己不完成计划就感到“浑身不自在”。你也许觉得早晨 5 点起床晨跑是件痛苦的事,但只要形成习惯,你就会发现这既轻松又能让自己精力充沛;你也许觉得花费三四个小时埋头于工作是件痛苦的事,但只要形成习惯,你会发现这是一种极为高效的工作方法。

父母们做好了自身的时间管理,就能确保时间效用的最大化了吗?并非如此。父母还可以帮助孩子做好他们的时间管理,让孩子尽早自立,提高做事的效率,这既是正确的育儿方式,也能够在很大程度上节省父母的时间。

有一些父母看到自己的孩子做事拖拉,又是催促,又是打骂,结果并没有取得什么效果,只是白白浪费时间。那么,如何做好孩子的时间管理呢?父母们应该关注以下七个问题。

1. 因孩子能力所限导致的缓慢并不是拖拉

因为孩子年龄尚小,可能许多事情本来就不会做、做得慢,所以自然不能以大人的步调去衡量他们。即便是年龄相同的孩子做相同的事情,也会有快慢之别,所以也不要盲目比较。父母应该有耐心地教导孩子,让他们一点点地提高效率。比如,孩子吃饭慢,不能光催促他们,而是要让他们养成良好的饮食习惯,加快吃饭速度。

2. 如何解决孩子的"拖延症"?

如果孩子不是因为能力问题做事缓慢,而是真的特别拖拉,父母要怎么办呢?其实,很多孩子形成"拖延症"的原因并不在自身,而是在于父母没有给予其充分的自由。比如,孩子将作业很快完成,父母又会拿出一些更难的题目让他们做,孩子在争取到时间后无法去做自己喜欢的事情,于是干脆做得慢一些,还能让自己轻松一点。所以,解决孩子的"拖延症"的最好方法是让他们尝到"甜头",让他们知道做事情快一些对自己是有益的。

3. 不要大包大揽,让孩子尝到拖延的教训

适度地让孩子尝到失败的后果,能够让他们的记忆更深刻。比如,有些孩子在上学前一天晚上没有收拾好书包,早上又赖床晚起,导致第二天特别匆忙。有些父母看到这些情况可能会一边批评孩子,一边帮他们穿衣、收拾东西等,其实这反而会让他们养成拖延的习惯。不如大胆放手,让他们着急,让他们因迟到被老师批评,然后再教导他们计划的重要性,更有助于他们养成好习惯。

4. 别让自己的不良习惯影响孩子

孩子的许多行为习惯其实受家长的影响。如果父母做事特别拖沓,缺乏计划性,孩子也很容易养成这种行为习惯;如果父母整天看手机、玩游戏,再催促孩子去学习自然会缺乏说服力。所以,别让自己的不良习惯影响孩子,要遵循严格的时间管理去规范自身行动,以此来引导和感染孩子。

5. 让孩子感受到时间的价值

孩子很难真心感受到时间的宝贵之处,因此需要家长加以积极引导。比如规定孩子早晨几点起床,穿衣服几分钟,洗漱几分钟,吃饭几分钟等等。如果孩子能够按时或提前完成,父母可以给予口头上的称赞或是其他奖励,

让孩子为自己严格遵循时间的行为感到自豪、骄傲。

6. 不要粗暴地打断孩子的行为

孩子的自制力相对较弱,可能开始娱乐后就忘记了时间,导致没有及时去做需要做的事情。当父母遇到这种情况时,不要粗暴地打断他们当前的行动,强硬地让他们做一些事情,而是应当在告知后给予孩子一定的缓冲时间,让他们自觉地去改变自己的行为。当然,父母也可以在孩子开始玩耍后提前和他们约定时间,等时间到后再温和地引导他们去做需要做的事情。

7. 预防隔代教育的标准不一致

隔代教育会造成时间管理标准不统一的问题,一般而言,老人们比较"慢性子",对于孩子也比较宽容,这并不利于孩子养成良好的时间管理习惯。这就需要父母事先明确标准,既要与老人们做好沟通,也要同孩子们做好沟通。

父母们只有做好自身的时间管理,同时引导孩子做好时间管理,才能成为办事高效的家长,才能让孩子尽早自立。只有让每一位家庭成员的时间利用效率都达到最大化,那么在拥有两个孩子后父母们才能做到养娃、工作两不误。

04 花钱买时间,也未尝不可

许多父母在生育二宝后,由于生活压力大增,往往会陷入"钱"和"时间"的选择困境中。特别是对于妈妈们来说,究竟是应该为了钱而选择继续工作,还是应该为了时间而放弃工作,这可能是很难下决断的一件事。

其实，妈妈们也不必过于纠结，究竟是选择拼搏职场还是做全职主妇，无非衡量两个因素：一是经济因素，二是成长因素。

如果妈妈的工作收入远远高于请保姆所要花费的费用，那么不妨将工作继续下去。比如请保姆一个月要支付 3000 元工资，而妈妈的月收入上万元，这时如果选择做全职主妇就太不"划算"了，完全可以继续工作为孩子的成长创造更好的物质条件。而如果妈妈的收入比保姆的工资还要低，爸爸又有能力独立养家时，做全职主妇也是一种好选择。一来全职妈妈不至于让支出大于收入，二来自己照料孩子更加放心，也更有利于孩子的成长。当然，即便妈妈选择了继续工作，也不能忽视了孩子的成长，不能将所有的事情都寄望于保姆，孩子最基本的教育问题还是要亲自负责。

不过，随着生活水平的提高和生活的便利化，一些家庭条件较为优越的父母们会选择"花钱买时间"，这在育儿工作中也不失为一种好选择。关键在于，父母要明确哪些工作是可以由他人代劳的，不会影响效果，甚至能取得更好的效果。比如，许多妈妈会选择在周末集中做家务，大扫除、洗衣服等等，这些琐碎的工作非常耗时，也容易影响自己的周末好心情。那么，你可以请家政人员来帮忙打扫卫生，她们更专业，打扫得既快又干净；你也可以将衣服送到干洗店或洗衣店，不仅洗得干净，还能熨烫平整。而通过花钱"买"到的这些时间，你就可以用来陪伴在孩子身边，和他们一起逛街、娱乐、旅游等。同时，你可以有更多的时间关注孩子内心的细微变化，及时疏导他们的不愉快，及时纠正他们的不良习惯，这些工作，是任何人都无法取代的，是花费再多金钱都难以完成的。

花钱买时间，其实就是一种生活中的"授权"，即把恰当的事情交给最擅长的人去做，自己节省下来的时间可以去完成关键性的、其他人无法做到的育儿事业，这也是开展高效育儿的方法之一。不要认为自己大包大揽才能成为榜样式的父母，真正优秀的父母，真正好的育儿方式，就是花更多的时间陪伴孩子成长。

　　许多老人可能看不惯年轻父母自己不做家务、不洗衣服,全部交给家政和洗衣店的做法,认为这种做法太过懒惰,其实这种观点并不正确。对于父母来说,育儿永远是最重要的事情,完全没有必要强迫自己成为一个"家政高手"。当然对于平时家庭的保洁,贴身衣物的清洗,自然还是应该自己负责,但是遇到大扫除以及需要清洗冬季厚重衣物时,请"专业人士"来做也是完全可以的。用最适当的方式最大化地利用时间、节省时间,才是正确的时间管理思路。

05 放下对大宝的愧疚心理

　　许多二孩妈妈,都会对大宝产生一种难以自已的愧疚心理,她们觉得,二宝出生后,自己必然会将很大一部分时间和精力放在照顾二宝身上,对于大宝很可能无法像过去一样照顾周到、关怀备至了,认为大宝会因此感到失落和难过。

　　其实,二孩妈妈们的这种心理是很正常的,也普遍存在。当自己只有一个孩子时,妈妈自然会将自己的一切都奉献给他/她,但是当有了第二个孩子后,妈妈却开始有点不知所措。像过去一样照顾大宝?二宝更需要人照顾,时间和精力上都不允许。将时间和精力更多地放在二宝身上?看到大宝失落的身影真是心如刀割。

　　在有了二宝后,对大宝怀有愧疚心理,是身为人母的正常反应,但是如果为此背负了太重的思想负担,可能会引发不良的后果。比如,一些妈妈在怀上二胎宝宝后,在对大宝愧疚心理的驱使下,还像过去一样将所有重心都放在大宝身上,甚至顾不上照顾自己,这对于自己和肚子里的二胎宝宝都是很危险且不负责任的行为。再比如,一些二孩妈妈由于在二宝年纪较小时忽略了对大宝的关怀,便在愧疚心理的驱使下想要"加倍偿还",却因此又忽略了二宝的成长,让大宝养成过于自我的不良性格。越是背负着愧疚心理,越是容易使你的行为"失控",最终可能什么都无法弥补,还让两个孩子都没能平稳地成长起来。

其实,即便生养了二宝,父母也并不是亏欠了大宝。父母应该放下过度的愧疚心理,以平和的心理同大宝相处。其实,得与失往往是并存的,不要认为大宝得到的关注少了,他的幸福感就会损失。换一个角度来看问题,当大宝失去了父母全方位、无微不至的照料后,他们却会拥有更多的学习空间和尝试机会,学会主动探索未知世界;当大宝不能在独享房间和玩具时,他们会比同龄的小朋友们更快地学会分享和谦让;当大宝的一些无理要求无法再得到无条件满足时,他们才会更快地摆脱以自我为中心式的思维……也许由于弟弟妹妹的出生,父母关注重心的转移会让大宝感到一时的不适,但是他也能因此获得精神上的成长,这是再多的父母关怀都无法替代的。

不仅如此,二宝的出生还能让大宝在世界上拥有又一位至亲至爱的亲人,而且自己的弟弟妹妹能够比自己的父母更加长久地陪伴在自己身边,共同走完人生的道路。同时,在长期的相处中,大宝也会懂得有付出才有回报,给予比获取更加幸福的道理,他也会更加珍惜生活,拥有感恩之心。这些同样是父母的关怀无法给予的。

所以,二宝的出生非但不会"消耗"大宝的幸福感,从长远来看还能为他提供更大的幸福感。父母们不要因此背上心理包袱,也不要为此产生偿还心理,只要始终陪伴在大宝身边,发自内心地爱着他,和他共同面对生活的变化,这就是对他最好的呵护,家庭生活也会因此变得更加美好。

想要避免对大宝产生愧疚心理,除了进行心态上的自我调整,父母们也应该提前做好准备。在大宝出生时,父母不应该过度关怀,试图为孩子代劳任何事情,这样不仅不利于孩子的独立自主,也会使自己心力交瘁。在照料好大宝的同时,也要给予其充分的学习和尝试空间,让他学着做一些自己力所能及的事情,这样既有利于大宝性格和心理上的成熟,也能为父母们留下一定余力。当有了二宝后,父母们自然就能够将余力投到二宝身上,而对大宝的关怀照顾也和之前没有太大区别。如果大宝在弟弟妹妹降生后感到变化并不大,就不太容易感到失落或难过,父母的愧疚程度也会轻很多。

二宝的降临,对于每一个家庭成员来说都是好消息,都能增添未来生活的幸福感,所以完全不存在"谁亏欠谁"的说法。如果大宝确实因为二宝的出生感到了落差,情绪明显低落,父母应当及时地进行心理疏导,而不是因为愧疚就采取一些"过激"行为。小孩子的独占欲其实是很天真的,来得快去得也快,只要父母能够及时地发现孩子的心理变化,解决大宝的心理问题并不困难。如果只是抱持着愧疚心理,采取所谓的补偿行为,反而会对每一位家庭成员的心理健康都造成不良影响。

06 二宝出生后,正视大宝的问题

当二宝出生后,大宝难免会出现一些情绪上的波动,并且在行为上出现一些反常。即便是一些本来想要弟弟妹妹的大宝,随着时间的推移,他们的"新鲜劲"过去后,或是发现现实与预想中不同后,也难免会产生对二宝的嫉妒、怨恨等不良的情绪。

刚生育完二胎不久的吴女士说:"半年前弟弟刚刚出生时,4岁的大宝还挺高兴,但后来渐渐像变了个人。只要发现别人抱弟弟不抱他,或者夸弟弟却不夸他,他就会突然发脾气,然后趁我们不注意去打弟弟,有几次甚至当着外人的面就动手了。我们当然知道他心里不舒服,跟他强调我们还爱他,但好像并不管用。"

面对大宝的问题,家长必须予以重视,不能轻率地认为是小孩子耍性子、闹脾气,而采取无视或打骂的方式去应对,这只会让大宝的问题愈发严重,让大宝和二宝的隔阂不断加深。大宝之所以抗拒父母生二宝,或是在二宝出生后出现一系列反常行为,无外乎都是一个原因:害怕爸爸妈妈不会再像以前那样疼爱自己了。所以,家长必须重视孩子的心理感受,让他知道自己和弟弟妹妹都是家庭中的重要一员,而爸爸妈妈更不会因为有了弟弟妹妹而忽略了对他/她的爱。特别是当孩子年龄较小时,由于处于懵懂的状态,更容易因弟弟妹妹的出生而出现不良情绪。这时,父母就要学会根据大宝的具体年龄段,采用相应的、有针对性的沟通方法。

对于2~6岁初具自我意识的孩子,可以采取讲故事和做游戏的方法。因为这个年龄段的孩子处于学前年龄,讲太多的道理很难让他们理解或接受,而孩子自己也往往不懂得如何清晰地表达自己的想法。这时候,家长们可以采用他们最喜爱的故事让他们了解和感受到有弟弟妹妹之后的快乐生活,消除他们的抗拒心理。也可以在购买婴儿衣物、用品时带着大宝一起逛街,让他在心中不自觉地将拥有弟弟妹妹和快乐画上等号。

对于6~10岁或10岁以上的孩子,由于他们此时已经有相当的认知程度,所以父母必须在大宝闹情绪时了解具体的原因。对于孩子反抗情绪,甚至吵闹,家长不能片面地归结于孩子的任性而对其妄加指责,而是应该用更多的时间去陪伴他们,了解孩子的具体想法,倾听孩子的心声,让孩子看到父母对自己的关心,慢慢消除孩子心中的焦虑。

二宝出生后,大宝的心理变化往往会被忽视,许多家长认为大宝已经长大了、懂事了，没有去关注大宝的心理，这往往会使大宝的情绪无法得到正常的宣泄；久而久之，易产生心理问题。刚当上二孩妈妈的林女士也提出了自己的担忧与无奈："自从二宝出生之后，对于两个孩子的关系问题，就一直困扰着我，而且，能在一起讨论这个问题的朋友基本上没有。就算和一些二孩妈妈们一起聊天时，大多数时候也只会聊一些诸如'你家大宝最近学了什么'、'孩子在学校成绩怎么样'等无关紧要的话题，很少涉及应该如何处理大宝和二宝的关系问题。"

二胎宝宝的出生，往往会占用父母大量的时间和精力，这是无法避免的事情。但是，父母们必须关注大宝的心理变化，并有技巧地去应对大宝的"情绪"，高效率地消除大宝的心理问题。

简单来说，就是父母在照顾二宝时，不要忽略大宝的存在，要想尽一切办法去一同关爱两个宝宝。比如，当大人们抱着二宝、给二宝喂奶、逗二宝玩乐时，父母们可以告诉大宝："你小时候也是这样的，大家都特别疼爱你。"总之，要尽可能让两个孩子都经常在自己身边，在照料二宝的过程中多进行一些能够"大家一起参与"的活动，比如全家人一起逛街、去游乐场等，切忌为了照顾二宝就将大宝交给爷爷奶奶去带，这会伤害孩子的感情。父母可以在保证安全的情况下让大宝参与到照顾二宝的过程中来，让大宝帮忙摇摇篮、唱儿歌、拿点小东西等，同时要给大宝及时地送上称赞，让他们获得照顾弟弟妹妹的成就感。此外，父母们还可以借助"外力"，比如让一些和小孩子关系较好的亲戚朋友帮忙做大宝的心理疏导，或是让学校的老师协助调整大宝的情绪和行为等。

二宝出生后导致大宝出现反常行为，其实并不是什么难以解决的重大心理问题，关键在于要及早发现、判明原因、有效解决，如果拖延太久，小问题也会变成大问题。不仅如此，在大宝和二宝的成长过程中，也要随时关注两个宝宝的心理变化，及时解决各种心理问题，让两个宝宝能够和睦相处。

07 "均等"就是不偏心吗？

在二宝出生后，父母们为了避免大宝产生嫉妒和不满心理，有一些父母会时刻提醒自己对待两个孩子要均等，不能偏向其中任何一方，但如果不注意方式方法，往往并不能取得很好的效果。

"不管对二宝做什么，都要提醒自己先对大宝做一遍，就差喂奶了。说实话，我都快要患上产后抑郁症了。"一位二孩妈妈如此说道。刻意地追求均等只会加重家长们的心理负担，让本就忙碌、劳累的育儿工作更加难以承受。

还有一位二孩妈妈也提出了类似的烦恼：她有一位哥哥，小时候总是觉得妈妈偏心，只对哥哥好，为了这件事还暗自哭泣过很多次。现在自己也是两个孩子的妈妈了，就提醒自己对待两个孩子一定要"一碗水端平"，去玩的时候大宝二宝都要带上，买东西也都是买两份。可即便如此，两个孩子还是会偶尔抱怨自己偏心，自己感觉越来越累。毕竟，哥哥能玩的项目和妹妹能玩的项目不一样，顺了哥哥的心意觉得对不住妹妹，顺了妹妹的心意又怕哥哥玩得没意思。

其实，这些二孩妈妈之所以感觉劳累、苦恼，完全是因为刻意追求"均等"导致的。对于两个孩子平等的爱，应当是发自内心的，并潜移默化地表现在行动中，而不是刻意去表现。而且，世事本就无绝对的均等，即便你在客观上做到了均等，但是由于孩子们的主观感受不同，最后在孩子看来也有可能是"偏心"的行为。就如上面那位妈妈一样，买了哥哥喜欢的玩具，妹妹不喜欢；买了妹妹喜欢的玩具，哥哥不喜欢。如果仅仅追求客观上的均等，那么必定有一方会觉得妈妈偏心。

"均等"并非是"静态"的,而是"动态"的,在不同的实际情况下,"均等"的标准都有可能会随时变化。在一些基本的需求和花费上,对待两个孩子应该是"均等"的,比如给他们买同样的奶粉、供他们上同样的学校、给他们同样的零用钱等等,这些甚至不需要向广大父母赘述。不过,在更多时候,父母未必应该"均等"地对待两个孩子。比如,在分面包时,你给了5岁的大宝两片面包,给了3岁的二宝一片面包,看似不均等,但实际上是公平的,因为这与他们的胃口是符合的。再比如,两个孩子同时摔倒了,你选择抱起走路还不稳当的二宝,然后扶起大宝,帮他拍拍尘土,对他说声"不哭,要勇敢",处理方式虽然不一样,但实际上也是公平的,因为这与他们的能力是相符合的。

而即便是面对年龄相同或相近、性别相同、能力相近的两个孩子,在对待他们的具体方式上,也未必要事事追求一致。因为他们的性格、喜好也会有所不同,希望得到的对待方式也会有所区别。

所以,父母的"均等"应该是建立在两个孩子的具体年龄、性别、能力、性格、喜好和接受程度等基础之上的,而不是一味追求客观上的一致性,这样反而难以满足两个孩子的物质和心理需求。

不仅如此,父母们甚至不必事事追求均等,因为你根本无法达成所谓的"完美结果"。孩子之所以觉得你偏心,只是他们的主观愿望没能得到满足,但实际上父母本来就无法达成孩子的每一个愿望。特别是情感上的投入,更是难以准确地去衡量。每一位父母,都不可能真的对孩子偏心,偏心之说更多时候只是孩子的"无理取闹"。比如,有些孩子可能因为做错事受到了批评教育,心里感到委屈,然后就觉得父母偏心,老是挑自己的错误,但是父母批评教育犯错误的孩子完全是正确的处理方式。

与其去追求根本不可能达成的"均等",父母还不如将全部的心思放在如何更好地抚养、教育两个孩子上。当孩子出现不平衡心理时,不要盲目地去满足他们的主观愿望,而是应该进行心理疏导,让他们明白爸爸妈妈为什么要如此对待他,让他们明白父母并不是偏心,而是真心实意地为他们着想。

所以,父母只需要全心全意地为孩子付出,就事论事、因地制宜地去处理问题即可,不必强迫自己做到事事均等。你以不同的方式对待孩子,并不会影响你对孩子的爱和责任,并不会影响孩子们真实的内心感受。

08 刻意培养手足亲情

自古以来,手足亲情都是人类最基本、最深厚的情谊之一,父母能够送给子女的最好礼物,其实就是让他们拥有情同手足的兄弟姐妹。不过,长期以来,由于我国的特殊国情,独生子女家庭占据了绝大多数。许多二孩家庭,父母都是独生子女,如何与兄弟姐妹相处,也没有太多的经验可以传授。而大宝此时也过了一段时间的"独生子女"生活,二宝出生后,大宝即便没有表现出明显的反对和抗拒,也常常会手足无措,难以和自己的弟弟妹妹亲近起来。面对二宝的出生,如何让大宝尽快地适应,尽早地建立起手足亲情,需要各位父母未雨绸缪,做好情绪和思想上的引导。

培养手足亲情越早越好,不要等二宝长大了、懂事了以后再去培养。因为如果等到大宝和二宝之间真的产生了隔阂,父母可能要花费更多的心思和时间,才能顺利地"打破坚冰",拉近两人的关系。手足亲情的培养,可以从以下几方面着手。

1. 备孕二胎之前,先做好大宝的思想引导

其实,对大宝思想上的引导无外乎两方面:如果大宝对弟弟妹妹的到来

有所抗拒,父母就要进行心理疏导,让他们明白有弟弟妹妹并没有坏处,只有好处;如果大宝对弟弟妹妹的到来不抗拒或是很欢迎,父母就应该进一步强化他们的期待心理,提前拉近大宝和二宝的心理距离。

父母可以在平时的交流、娱乐中,积极地对大宝进行思想引导,让他们主动憧憬温暖的手足亲情。比如,我的一位朋友的大女儿,小时候特别喜欢玩娃娃、扮家家,朋友就告诉她,有了弟弟妹妹后,她就可以真的给小宝宝喂奶、换尿布了,她的大女儿听后非常兴奋,每天都会催促她快点生一个小宝宝。

2. 备孕二孩的过程中,千万别忽视对大宝的关怀

当妈妈们怀上二胎宝宝后,就很难像以前一样无微不至地照顾大宝了,这时也一定要想方设法地多多关怀大宝,否则很有可能导致大宝"迁怒"于尚未出生的弟弟妹妹。比如,有些宝宝可能喜欢每天都被妈妈抱一抱,但是当妈妈们的肚子一天比一天大后,可能很难满足大宝们的要求。这时候,妈妈们不要轻率地以肚子中的二宝作为理由拒绝大宝,这样很容易使大宝对弟弟妹妹产生敌意,认为他(她)的到来抢走了妈妈对自己的爱。在情况允许的情况下,妈妈可以坐在椅子上抱一抱、亲一亲大宝,如果实在无法做到,可以叫爸爸去抱一抱大宝,或是带他出去玩,以分散孩子的注意力。

3. 二宝出生后,大宝需要更多的关爱和引导

当二胎宝宝真正出生后,大宝可能才会真正意识到弟弟妹妹的到来对自己意味着什么,可能很多情况都和他们预想的不一样。这时候为了避免大宝出现心理问题,父母要比以往更加注重对大宝的关爱和引导。

二宝出生后,家庭的注意力往往会集中在新生儿身上,特别是家中的老人。但此时,父母们一定不能忽视大宝,夫妻两人可以抽时间由一人先照顾二宝,另一人则加强与大宝的沟通互动。事实上,有了二宝后,父母甚至应该花更多的时间陪伴大宝,这样才能避免大宝的心理失衡,从而对二宝产生

嫉妒或不满的情绪。

父母也可以让大宝参与照顾弟弟妹妹,让他们做一些如拿奶瓶、推婴儿车、逗二宝玩等比较简单的事情。当大宝有了更多的参与感,才能更快地消除"生分"的感觉,才能真正地接纳弟弟妹妹的到来,有做哥哥姐姐的意识。

如果大宝的年纪还比较小,当二宝出生后,父母可以以二宝的名义送给大宝一份"见面礼",这样往往能在第一时间让大宝取得对二宝的好感,拉近大宝和二宝的距离。也有的父母主张大宝和二宝"互换礼物",在送给大宝"见面礼"的同时,让大宝也准备一份送给弟弟妹妹的礼物,比如一张折纸、一幅画都可以,这同样是一种拉近距离的好方法。

二宝到来后,要努力营造和谐温馨的家庭氛围,不要树立一些敌对的暗示。比如,父母不要用二宝去"恐吓"大宝,说出诸如"你再不听话就只疼弟弟(妹妹)不疼你了"之类的话。也不要让亲戚朋友对大宝说出"爸爸妈妈有了小宝宝就不爱你了"之类的玩笑话,小孩子分辨能力差,很有可能信以为真、耿耿于怀。

同时,父母们应该巩固大宝在家中的"老大"地位,要赋予他们"管教"弟弟妹妹的权利。特别是当二宝慢慢长大后,父母可以告诉大宝,如果弟弟妹妹要性子或闹脾气,可以批评教育他/她。而且,父母不应该因二宝年经小而让大宝做出过多"牺牲"。教育大宝对弟弟妹妹多谦让是正确的,但是不能让他们处处"忍让",对于二宝的无理要求,父母也要果断地拒绝,而不是一味地迁就二宝。父母在教育大宝和二宝时要有统一的标准,不能因为年龄小就有所偏袒。

父母们也要学会正确看待和处理大宝和二宝的矛盾。一方面,不应对任何一方过于偏爱,不能让任何一个孩子觉得爸爸妈妈过于偏心。另一方面,即使大宝对二宝有不满情绪的宣泄,在没有伤害性行为的前提下,也不要过于紧张或严厉斥责。即便是两个孩子之间爆发了矛盾冲突,只要没有过分的肢体冲撞,家长也不必马上介入,要让孩子们自己去争论、去解决,并在此过程中适当地给予引导。许多人认为,兄弟姐妹之间越是"相敬如宾",就代表关系越和谐,其实未必如此。在长期的相处过程中,难免会出现一些矛盾,这是正常的人际关系的表现。适度的争吵和矛盾,在得到解决之后,往往能够进一步加深兄弟姐妹之间的感情和信任。

做好以上这些二胎宝宝来临前后的一系列工作,能够为大宝和二宝的手足亲情打下良好的基础。在今后的成长道路上,父母也要经常鼓励他们互帮互助,当他们逐渐有独立能力后,要引导他们兄弟姐妹之间商讨一些"重大事项",而不是一切遵照父母的意见。通过这些深入的交流,大宝和二宝的手足亲情才能持续深化并始终维持。

09 家有两孩,爸爸的陪伴更不可少

我国古代的太极思想讲究虚实相生、阴阳互补,这对于许多事情都有重要的借鉴意义。而在子女抚养、家庭教育方面,通过阴阳互补、夫妻配合的方式,往往能够取得更好的效果。中国的许多家庭,都已经习惯了丈夫埋头事业赚钱养家、妻子在家带孩子的抚养模式,但是,无论工作有多忙,孩子的爸爸都应该花费足够的时间用于子女的交流、教育上。特别是对于那些有两个孩子的家庭,爸爸的陪伴不仅能够减轻妈妈的抚养压力,对于孩子的成长也是很有益处的。

相较于女性而言,许多男性并不擅长表达自己的感情,如果平时不注重同孩子的沟通、交流、互动,只是一味地埋头工作,很容易让孩子产生生疏感,时间一长,等孩子懂事后,爸爸与孩子之间的关系就更难变得亲密,这种

隔阂很有可能会长期持续下去。

爸爸经常陪伴在孩子身边,不仅会改善家庭成员间的关系,对于孩子的教育以及性格培养同样有着巨大的影响。

1. 在教育内容上,爸爸能够扩充孩子的知识面

一般来说,男性的知识面要广于女性,特别是在历史、地理、哲学方面的优势相对明显,因此在孩子的启蒙教育中,爸爸通常能够提供更为丰富的内容选择。举个最简单的例子,孩子小的时候经常会缠着父母讲故事,而一般妈妈可能都会选择讲一些童话等虚构的、浅显的故事,当然,这些故事可能也富含许多哲理,但在内容、形式、思想上往往较为单一。而爸爸可能更乐于向孩子讲述一些真实的历史故事、英雄人物、民风民俗等,更贴近现实,这对于拓宽孩子视野、丰富孩子知识面有很大帮助。

而且,由于男性和女性天然的性别差异,爸爸和妈妈对于孩子的成长关注点也是有很多不同之处的。比如,妈妈可能更注重孩子的生长发育,注重孩子的外在形象,希望孩子能吃得好、穿得漂亮,能够长得更快、更聪明;而爸爸可能更注重孩子的个性培养,教会孩子如何做人,特别是孩子关键人格的形成时期,爸爸的引导教育尤为重要。男孩子可以从爸爸那里学到坚毅的品格、坚持的信念这类"男子汉气概",而女孩子则可以从爸爸那里学习与人交往的经验和待人接物的能力,这些是旁人无法取代的。

2. 在教育方式上,爸爸更鼓励孩子多动脑动手

在教育方式上,妈妈通常就是让孩子做些简单的家务,比如扫地、擦桌子之类的,这自然没有问题,但却是远远不够的。而爸爸则可能更喜欢和一些器械、电子零件打交道,他们会选择和孩子一起用刀子、锤子去修理东西,利用各种废旧物品去做一些小玩意儿,这能大幅提升孩子的想象力和动手能力。特别是在创客风潮极为流行的当下,爸爸的教育方式更能够成就一位小创客的诞生。

爸爸和孩子在一起，往往会更多地进行一些探索性活动。如果妈妈发现孩子把玩具拆开或损坏，第一反应是斥责孩子，但爸爸却经常不以为然，他们会选择和孩子一起重修或组装玩具。他们甚至还会和孩子们一起主动把玩具拆开，观察它们的构成，以满足孩子更深层的好奇心。这些都有助于培养孩子的观察、思考以及探索能力。

一般情况下，女性的感性思维较强，而男性的理性思维较强，爸爸多参与孩子的教育，有助于培养他们的逻辑思维能力。而且，爸爸的教育态度一般比较强硬，妈妈在面对孩子的无理要求时，可能受不了孩子的一哭二闹就服软了，但爸爸会更加坚持原则，不会过于娇惯孩子，这能够避免孩子太过自我、太过娇气，防止他们养成不好的行为习惯。

3. 在性格培养上，爸爸更注重孩子的独立能力

女性相对来说生性比较"胆小"，当孩子参加活动时，她们即便不亲自参与其中，也往往会在旁边照看着，生怕孩子磕着碰着。但男性的指导思想通常却是：孩子要独立、自主、果敢，有冒险和挑战精神。当孩子做出一些"出格"的事情，比如从很高的台阶直接跳下，妈妈们可能会直接斥责孩子，并警告他们下次不要再这样做了。但爸爸看到后，可能会对孩子竖起大拇指，夸上一句"真棒"，然后再教导孩子哪些事情太危险了，他们现在还不能做。

妈妈可能在孩子小的时候更倾向于给他们喂饭，帮他们穿衣，但爸爸则更鼓励孩子学着自己做，不要依赖他人。这种从小开始培养的独立意识，对于孩子的成长乃至步入社会都是很有帮助的。而且，男孩子在成长过程中一般也比较喜欢独立的感觉，过多的管束反而会使他们感到不愉快、不舒心。不仅男孩子，女孩子同样也需要独立能力，如果一直像个娇惯的公主，将来她们的人生之路就可能会遇到麻烦。

在性格的形成上，爸爸和妈妈对于孩子的影响也是有所区分的。妈妈更容易使孩子拥有细腻、丰富的情感和耐心、认真的性格特征，而爸爸则更

容易使孩子养成坚韧、果敢、沉着的性格。

相对来说,爸爸所能教导和影响孩子的,是一些更能让孩子适应这个社会的东西。他们在与孩子的交流、互动过程中,更多的是让孩子明白一些基本的纪律和规范,认识到人在社会生活中的一些基本法则。而且,爸爸更容易在孩子心目中树立威严的形象,这能使孩子在做事之前有所"顾虑",不会过于放肆,让他们在行动前考虑到可能产生的后果,这在无形之中约束和规范了孩子的行为。

事实上,即便爸爸不刻意地对孩子讲一些道理,只是单纯地多陪伴在孩子身边,他们对孩子的关怀、照顾,乃至一举一动,都会在潜移默化中影响孩子的性格、习惯和行为,对于他们的成长起到独特的作用。心理学家也认为,男性在亲子教育中具备很多优势。由爸爸带大的孩子,往往智力水平更高,在学校更易取得好成绩,在社会上也更易成功。

当然,以上这些都并非绝对,关键还是爸爸妈妈要明确自己在家庭中的形象和应承担的职责,在育儿过程中发挥自身的作用。常言道,父爱如山,母爱似海,爸爸和妈妈在育儿过程中都具备各自的优势,只有做到平衡和谐、互补互助,才能更有利于孩子的健康成长。

企业"二孩经济学"

二孩政策不仅搅动着家庭的"账本"，也同样搅动着企业的"账本"。"二孩婴儿潮"的出现，给正在运营的企业以及广大创业者，提供了众多全新的机遇和挑战。如何抓住机遇、应对挑战，对于企业和创业者来说，将是抓住下一波商机的关键所在。

第 6 章

"二孩经济"，是机遇也是挑战

任何一次社会政策"剧变"的背后，都必然会潜藏着机遇和挑战，对于各行各业来说，二孩政策的放开同样是一场"剧变"。商业的繁荣，离不开终端消费者的支持，"二孩婴儿潮"的出现，最直接地带来了各种全新的消费潜能。这里不仅仅有二胎宝宝的需求，二孩妈妈、二孩家庭同样也会产生许多全新的需求，而这些需求共同构成了全新的二胎产业。对于相关企业来说，有哪些具体的"二胎商机"，又要如何抓住这些商机，是接下来的工作重点。

01 二孩来了，"二胎门诊"应运而生

二孩政策的全面放开，使得许多原本想生二孩宝宝的家庭不再有政策上的束缚和困扰，但是许多现实的困难也随之而来。无论是已经下定决心生育二孩的父母，还是尚在犹豫之中的父母，都会遇到一个问题：

在医院里绕了老半天,却不知道应该去哪个诊室咨询,应该挂哪个诊室的号就医。为此,全国许多省市的妇幼医院秉着方便患者的原则,专门开设了"二胎门诊",为广大想要生育二孩的家庭提供专业化的生育咨询和服务。

　　随着全面二孩政策的落实,为系统开展孕前保健和优生优育的全程医疗保健服务,随州市妇幼保健院顺势而为,在该市率先开设"二胎门诊"。该"二胎门诊"提供集孕前检查、健康孕育早知道、产前检查与高危监护、产程管理与优质服务等于一体的综合性服务,为二孩的优生优育提供更好的保障。

　　该院妇女保健科主任杨苓发言称:"自单独二孩政策以来,来我院生养二孩的孕妇确实不少,年龄也多在 30～45 岁。而自从国家放开二孩政策以来,有更多的 70 后女性前来咨询生养二孩的相关问题。随着高龄孕产妇越来越多,妊娠合并症也会随之增多。'二胎门诊'将为有再生育意愿的家庭提供有针对性的全系统孕前健康评估,并为孕产妇制订个性化备孕方案和全程人性化专家团队诊疗保健服务。"

虽然从目前来看,真正想要生育二孩的夫妻所占比重并没有预期中高,但是在庞大的基数下,绝对数量还是相当之多。而且,据统计,想要生育二孩的家庭中,有 50%～60% 都是超过了 35 岁的高龄产妇,更有 40 岁左右的妈妈想要"抢生"。然而,这些高龄产妇早已过了生育旺盛期,除了怀孕困难,高龄产妇在备孕二孩时还存在许多潜在问题,比如妊娠合并症风险高、流产率高、新生儿缺陷率高等。由于高龄产妇遇到的生育困难较多,因此辅助生育的需求大增,她们对于孕前、孕期、孕后的保健和服务,也和许多年轻妈妈有很大的差别。而对于一些确实已不适合再生育的女性,也需要专业的生育门诊给出权威的解释,否则她们很难"甘心"放弃。因此,为广大夫妻提供专业的生育咨询和建议的二胎门诊的设立,是很有必要的。

早在全面二孩政策初露端倪之前,许多妇幼医院就已经针对政策出台后可能面临的形势、任务和挑战进行了专门的分析研究,通过整合优势资源,开设能够发挥医院专业特色的二胎门诊。不过,由于缺乏统一的标准,各个医院开设的二胎门诊在服务的内容、流程等方面都有较大差别,许多二孩准妈妈的就诊体验差距较大。那么,为了确保二孩妈妈们能够得到完善的专业服务,二胎门诊的设立需要注意哪些方面呢?

一些女性由于与生育第一胎间隔的时间比较久,放在子宫里的节育环会对体内器官造成一定的影响,比如子宫内膜炎症和输卵管病变,若不进行治疗,也无法顺利怀孕。而高龄产妇在备孕二孩时除了怀孕困难,可能还存在各种自身健康问题。比如,不少人患有子宫肌瘤、高血压等。还有很多人第一胎时选择了剖腹产,对身体造成了一定的创伤,在二胎备孕中也有可能出现生殖系统或内分泌系统的病变,即使怀孕成功,最后的流产率也会比较高。

另外,二胎产妇还需要做一些特殊的检查,检查次数可能也比年轻孕妇要多。例如,高龄产妇在怀孕期间,胎儿发生染色体异常的风险会增加,所以需要及早进行早孕期绒毛活检术或者中孕期羊水穿刺术,来排查胎儿是不是有染色体疾病的存在。对于有条件的医疗机构,还可以测一下胎儿颈部透明带的厚度,也简称 NT 的测量,如果这一项指标有明显的异常,则表示胎儿患有染色体疾病或者其他异常的风险增加。另外,通过早期唐氏筛查项目,也可以及时发现胎儿可能存在的疾病风险。

以上这些二孩妈妈可能遇到的全新生育问题,都是二孩门诊需要格外关注的,也是二孩门诊区别于普通产科门诊的主要方面。

为了督促二胎门诊更快更好地发展,许多专业人士也提出了相关的发展建议:医院二孩门诊应由二胎优生优育门诊、二胎高危门诊和二胎助孕门诊三部分组成,由医院高年资,同时具有丰富产科、生殖医学科经验的专家坐诊,针对想要生二胎的孕产妇,特别是高龄孕产妇,提供从孕前的优生优育,到产前筛查、产前诊断,再到高危门诊以及辅助生殖技术助孕等一系列的专业指导和服务,最大限度地减少生育风险和出生缺陷。

目前,已有部分地区积极地响应了专家建议,制定或强化了高龄孕产妇的治疗和服务制度。比如,江西省卫生计生委要求,各级助产机构要强化高危妊娠分级管理、分级住院分娩和转诊制度,一般县级医疗保健机构可接收高危评分 10～15 分的高危孕产妇住院分娩,而高危评分在 15 分以上的高危孕产妇应当在县级产科急救中心住院分娩或向市级以上产科急救中心转送。

二胎门诊可以视作妇产科的细分领域,但是这一细分领域绝非简单的"应景之作"。当前,许多地区的二胎门诊都呈现出了"火爆"的场景,前来咨询和检查的夫妻可谓络绎不绝。所以说,二胎门诊确实有着巨大的市场需求,对于许多想要生育二孩的家庭也是不可或缺的。

随着 2016 年全面二孩政策的落地,广大妇幼医院及其二胎门诊必将面临着更严峻的生育任务。为此,广大妇幼医院必须要进一步完善二胎门诊服务,优化服务流程,丰富服务内容,增强优生、高危、助孕三大服务环节的贯通性,真正形成针对二孩孕产妇的专业化、系统化服务体系。

可以预见的是,随着这一波"二胎婴儿潮"的过去,未来二孩妈妈将趋于年轻化,"高龄产妇"数量将会趋于减少。这也意味着,二胎门诊在未来的工作重心需要调整,需要推出更多高质量、个性化的服务来赢得广大二孩妈妈以及二孩家庭的心,这也是二胎门诊潜在的挑战之一。

02 "二胎保险"噱头大于实际效果

二孩政策放开后,正当广大家庭还在纠结于"生与不生"的话题时,许多保险公司却已经"先发制人",适时地推出了一系列"二胎保险"方案。

实际上,生育二孩的安全风险,确实已成为许多夫妻心中的隐忧,特别是一些"高龄产妇",由于身体已经大不如前,能否再次承受十月怀胎的负担,确实会在心里打上一个问号。而且,如今新生儿缺陷率、先天性疾病率都有所增加,这也让许多父母心怀不安。"二胎保险"的推出,可谓是极大满足广大父母的需求,据了解,二孩主题类保险,有母婴保险、二胎妈妈保险等多个分类,保障范围涵盖了孕妇妊娠并发症和新生儿重症住院、新生儿先天性疾病等。

据一家保险公司的客服人员介绍说,"医保不赔的,我们照样赔。虽然现在多数育龄妇女都有生育险,不过生育过程中会经常用到医保目录外的药品和诊疗项目,这些都需要自费。这时候,二孩母婴疾病医疗保险就可以补上。"

但是,看似应景的"二胎保险",其实际的销售状况却不甚理想。例如,福州的一家保险公司,在 2015 年 9 月 30 日曾推出了"二胎保"安孕意外护航保险,生育一胎后备孕二胎的身体健康的女性均可投保,最高投保年龄可达45 岁。然而,截止到 2015 年 11 月 5 日,该保险在全国的销量还不足 130份,而且大多数都是推出首日卖出去的,从 11 月 2 日到 5 日期间更是仅卖出1 份。

那么,"二胎保险"的问题究竟出在哪里呢?为什么许多看似需要该保险的二孩家庭并不买账呢？

首先，各个保险公司其实并未为所谓的"二胎保险"设计和推出相应的新产品，只是对原有的一些保险项目进行重新包装组合，作为新的"二胎保险"进行销售。其实，现有的不少意外险、健康险产品对于产妇和婴儿均有保障。据太平洋人寿保险浙江分公司工作人员介绍说："市面上比较常见的生育保险，只需要花二三十元购买，就可以保障产妇和婴儿一周时间，不过保额也不高，一般就是几万元。另外还有一些高端的生育保险，由于各方面的限制要求比较多，还处于比较小众的状态，未能得到普及。"原本就有的各类生育保险就因为各种因素没能很好地普及，那么重新包装后的"二胎保险"自然也不会取得好的效果。

其次，"二胎保险"目前仅有个别保险公司限定在网上发售，本身的宣传力度和影响力就有限。据了解，目前"二孩保险"共有 A、B、C、D 四款投保方案，对应的保费分为 200 元、450 元、600 元和 1000 元四档。以 600 元的险种为例，保障内容包括妊娠并发症住院医疗、新生儿重症住院及手术医疗、婴儿严重先天畸形、妊娠身故保障。其中，妊娠并发症住院医疗理赔额为 1 万元，新生儿重症住院及手术医疗理赔额为 10 万元，妊娠身故理赔额为 20 万元。

无论从"二胎保险"的投保内容来看，还是从保险公司响应和推广的力度来看，"二胎保险"都显得后继乏力，只是少数保险公司的噱头而已。不过，也有业内人士认为，虽然"二胎保险"难避概念营销之嫌，但是也反映出了在互联网金融背景下，保险行业对于市场反应之敏锐，这是值得称道的。

还有分析师认为，未来的"二胎保险"将有望由"虚"走向"实"。随着全面二孩政策的落地，从根本上来看其对保险行业无疑是利好消息，这将在未来促进保险公司的教育保险、人身意外保险等险种的销售。但这也将是一个循序渐进的过程，在短期的两三年内很难得到明显体现，因为全社会对保险的认知和接受程度还有待提升。

保险公司能够敏锐地嗅到二孩政策带来的商机,这是值得赞许的,但是在应对市场需求上,不能只重噱头,不能像曾经的"赏月险"、"扶老人险"等险种一样只为博人眼球,而是应当更加注重实际,推出真正有特色、有效用的保险产品,这才是让消费者买账的最佳方式。而且,保险公司在推出二胎相关保险产品时,也不要只关注孕妇和新生儿的安全健康等方面,同时可以加强对教育保险、意外保险和孩子健康险等险种的再设计和销售,这样才能更好地抓住二孩妈妈和二孩家庭的心。

而对于一些需要相关保险的二孩家庭和准二孩家庭,也不要轻率地根据产品宣传选择保险产品,应当从自身的实际需要出发,深入地了解保险知识,对各个保险产品进行分析比较,选择最佳的保险产品组合。同时,由于育儿成本大幅上升,家庭更需要多一份保障,无论是多购买一份教育保险,还是为家庭的经济支柱购买高保额的人身意外险,都是确保能够万无一失地抚养孩子、赡养老人的必要准备。只有提前规划好家庭保险计划,才能全面增强整个家庭对抗意外风险的能力。

03 "二孩房","楼市红利"短期难兑现

长期以来,房地产行业都是国内经济的重要"发动机"之一。不过,由于房源供应和房价都不断走高,国内绝大多数楼市都开始陷入一种"有价无市"的状态,成交量持续走低。据悉,目前在建的以及批复可建的楼房总量,至少需要8年时间才有可能被市场消化。

不过,随着"全面二孩政策放开"这一热门话题的出现,"二孩拯救楼市"

的说法直接引燃了躁动不安的楼市。各大开发商自然没有放掉这一宣传良机,许多在售楼盘和在建楼盘的广告牌、广告语集体翻新,争先恐后地向"二孩"上靠。

据《投资快报》报道,某楼盘项目在户外广告上,打出了"二孩政策放开,两房怎够?"的宣传标语,主推 90～235 平方米的三至四居室。

无独有偶,另一个楼盘项目也打出了"多送一间房,二孩也有房"的广告,对外宣称买三居室最终可得四居室。据了解,其实该项目主打的是 160 平方米的三居室,原本就有一个 8 平方米的设备间作为赠送部分,而在二孩政策放开后,开发商迅速调整了宣传策略,将赠送设备间描绘成了符合二孩家庭的四居室户型,以此吸引购房人。而这一宣传策略的改变也取得了极佳的效果,该楼盘的售楼人员介绍说:"这两天确实有许多人来电咨询,都是为了改善住房需求,他们最满意的就是多赠送的一间房,认为可以满足未来的需要。"

开发商之所以如此热炒二孩概念,正是因为看好未来人口增长对于楼市的有利刺激。业内人士认为:"全面二孩政策无疑为低迷的楼市注入了一剂强心针。"二孩政策的放开对房地产行业既有未来效应,也有现实效应,无疑是利好消息。不仅如此,随着家庭规模和结构的改变,房地产的数量和结构也会发生相应的变化,三居室、四居室的户型将逐渐成为主力户型,学区房也将受到更大的追捧。

不过,就如同二孩政策的人口红利难以在短期兑现一样,二孩政策的楼市红利同样不可能迅速地兑现。在此前,单独二孩政策的施行已经证明了新生儿数量的增长并未给楼市带来显著的刺激,即便全面二孩政策落地,也同样不会即刻、大规模地刺激楼市升温。中原地产首席市场分析师张大伟就表示,自己并不看好二孩对于楼市的刺激,而且二孩政策的利好甚至还有被躁动的楼市提前透支的可能性。

数据显示,在单独二孩政策施行以来,直到 2015 年 5 月份为止,全国也仅有 145 万对夫妇提出了申请,而最后真正生育了二孩的更是仅有 80 万对,相较于全国符合二孩生育条件的 1100 万对夫妇来说,执行率还不足 8%。尽管后来又出台了全面二孩政策,但种种迹象表明,全面二孩同样不会刺激新生儿数量大幅增长。正如许多专家所说,有实力生二胎的,即便是政策未开放时,也没被彻底抑制过,所以二孩政策带来的人口增长远比预期中要少。作为生育二孩主力的 80 后,也是我国独生子女数量最多的一代人,他们要照顾四位老人,如果再加上两个孩子,确实吃不消。而且,他们已经习惯了独生子女的家庭模式,生育二孩的意愿自然更低。所以,楼市的需求量在短期内不会明显增加,"买房热"可能需要更长时间才会真正到来。

新房销售状况不理想,那么大户型二手房和学区房是不是有更多人买呢?

据合富置业发布的报告称,在全面二孩政策的消息传出一周后,广州市的二手房市场对于二孩政策的反应并不明显,大户型二手房成交量并未增长,在 2015 年 10 月 30 日至 11 月 4 日记录在案的二手房交易记录中,四居室及以上的大户型成交占比仅为 14.8%。而据阳光家缘网站公布的数据显示,2015 年 10 月 30 日至 11 月 4 日,面积在 120 平方米以上的二手房网签量为 176 套,比 10 月 24 日至 10 月 29 日的 193 套下降了 8.8%。

与此相比,广州市的学区房市场交易投资则持续旺盛,学区房的价格也保持着稳中有升的态势。据合富置业成交数据统计显示,自 2015 年 10 月初至 2015 年年底,广州市越秀区二手学区房成交均价为 26514 元/平方米,尽管比 2015 年三季度的 27337 元/平方米微降 3%,但仍略高于去年四季度的 26357 元/平方米。但据悉,广州市将在 2017 年起施行"零择校"制度,这就意味着,想要让孩子上相应的学校,必须要有学区房,这也是推动广州市学区房交易热潮的因素之一。因此,二孩政策的放开对于学区房成交究竟带来了多大的影响,还要打上一个大大的问号。

与难以在短期内兑现的新房销售相比,有一些开发商更看好放开二孩政策后的改善换房需求。通过换房,一些二孩家庭能够以更低的成本满足居住需求,而一些投资者也可以借此获利,因此对大户型住房销售有利。但需要指出的是,目前限购紧箍咒仍旧存在,因此,换房需求带来的楼市红利虽然存在,但在短期内仍不会有过于明显的体现。

不可否认的是,在二孩政策放开后,大户型住房确实在楼市成交中更受欢迎了。但也有业内人士指出,不能只看到利好,也要看到二孩政策对于楼市的不利影响。一些二孩家庭,希望能够实现三世同堂,因此更倾向于选择四居室住房,夫妻两人一间、老人们一间、两个孩子各一间,这就使得三居室住房的地位略显尴尬。三居室价格比两居室贵,但却无法一步到位地改善二孩家庭的居住条件,其成交量可能会在未来下滑。

二孩政策带来的楼市红利难以在短期兑现,给刚刚兴奋起来的楼市再度浇了一盆冷水。但是楼市红利确实存在,在未来也极有可能迎来爆发期,房地产开发商应该提前做好应对,做好在建楼盘和新建楼盘的户型改善设计。

绿地新都会一位置业顾问表示:“二孩家庭购房时,对户型种类需求变多,局部需求变窄,户型功能和面积加大,如双套间或三套间设计成为焦点;如未来单排式洗手间的深度可能由原先的 2.6 米,拉至 3.2 米,以便放置双洗手台;或是之前家庭多功能室和客厅合二为一使用,未来可能在设计上会顾及家庭公共活动区间设置。”有一些楼盘推出的“主卧套书房”设计也颇受青睐,孩子年幼时可以当婴儿房,离得近方便照顾,等孩子长大了便可作为书房使用。而出于安全上的考虑,有许多购房者都希望孩子的房间不要直接连着阳台,可以在一定程度上确保安全性。以上这些,都可能成为未来房地产发展和设计的重要方向。

二孩政策放开带来的还不仅仅是楼市红利,一些相关行业也会受到利好刺激,比如装修行业,儿童房的装修设计需求可能会大幅增长。

每一个父母都希望给自己的孩子创造一个温馨舒适的居住环境和成长空间,而儿童房的装修不能仅注重美观,避免环境污染和确保安全才是更重要的。比如,房间的整体色彩需要中性、协调,避免对孩子的视觉造成刺激;儿童所使用的各类家具应尽可能选择木质的、圆角型设计,避免孩子因磕碰受伤;涂料必须要使用完全无污染的环保涂料,电路也要进行隐藏设计,并将插座置于儿童无法触碰的位置。这些专门化、针对性的装修需求,都会给装修行业带来新的机遇。

所以,二孩政策的楼市红利影响的可能不仅仅是楼市本身,和住房有关的家居、装修行业,同样可能迎来行业红利。即便这些红利在短期内难以兑现,但是从长期来看,房地产及其相关行业中的各个企业,有必要提前做好准备,以更好地迎接未来楼市红利的到来。

04 "二孩政策"催生月嫂热,价格却下降

自单独二孩政策施行以来,许多商机随之爆发,其中最明显的一点就是月嫂热持续升温。许多二孩家庭,由于产妇的身体已经不如从前一样精力充沛,老人们也不能再像过去一样得心应手地照顾孩子,请月嫂来照顾产后的母婴生活,成了必然选择。

据浙江省绍兴市的一家家政公司负责人透露:"绍兴市的月嫂总体都是很抢手的,特别是那些经验丰富的月嫂,雇主抢着要。"而且,有许多家政公

司会根据月嫂所持的证书和工作年限来给月嫂评级，等级越高，工资指导价也就越高。像一些家政公司包装的"金牌月嫂"，不仅价格高，而且经常"一嫂难求"。

"有证书和没证书差别很大。"有多年月嫂经验的陈女士介绍说，"拿到国家正规的职业资格证书，起码说明了月嫂经过了正规系统的培训，专业技术方面有一定的保证。月嫂一旦通过培训考核并拿到证书，薪水立刻会大涨。"

而一些通过家政公司寻找月嫂的市民也表示，他们比较相信有证书、有口碑的月嫂。因为月嫂要照顾产后母婴的生活，要求往往比保姆更高，因此许多人也特别注重月嫂的综合素质能力。

二孩家庭对于月嫂的需求催生了月嫂热，对于月嫂素质能力的要求则进一步催生了月嫂培训热。雇主们看重证书，作为雇员的月嫂们自然也就更热衷于考证书。由于目前许多家政公司并未为其签约的月嫂提供专业培训服务，所以各类五花八门的月嫂培训班也随之兴起。

单独二孩政策的施行就带来了月嫂行业的一片热火朝天，那么随着全面二孩政策的落地，月嫂价格会不会再进一步上涨，就成为许多有意向生育二孩的人群和准二孩家庭关注的热点问题。带着这一问题，让我们看下面一组数据。

在上海，2014 年新生儿数量为 17.2 万人，2015 年新生儿数量为 13.6 万人，根据行业调查数据显示，对月嫂有需求的新生儿家庭数量比例达到 15.7%，在 2015 年上海市整体对月嫂的需求量约为 2.14 万人次，而上海市的常驻月嫂数量仅为 1.2 万人，月嫂缺口达到 0.94 万。而随着全面二孩政策的落地，上海市 2016 年的新生儿数量保守估计将达到 20 万左右，假设 15.7% 的需求比例不变，那么届时对月嫂的需求量将达到 3.14 万人左右,然而,月嫂数量的增长率很低,所以预计 2016 年上海市月嫂的市场缺口至少将达到 1.8 万人。

从数据来看,未来月嫂市场供不应求的状况将进一步加深,许多业内人士认为月嫂价格进一步上涨乃大势所趋。

不过,也有部分相关行业人士提出了不同的观点。他们认为,月嫂工资上涨将会使越来越多的人选择将月嫂作为职业,这会刺激月嫂数量的增长,填补市场缺口。而随着月嫂的数量进一步增加,市场中的竞争加剧,月嫂价格回落并非是不可能的。不仅如此,如今许多"天价月嫂"的出现,也是由于缺乏统一规范的行业标准,缺乏大规模的高素质月嫂人才队伍造成的,有"炒作"之嫌。随着越来越多的高素质人群进入月嫂行业,并让月嫂们真正做到与学历挂钩、与培训挂钩,整个行业的标准化、透明化程度将有显著的提升。而在市场优胜劣汰的原则下,月嫂们的薪资水平也将更加真实地反映她们的能力和价值。所以,随着全面二孩政策的进一步落地,月嫂新一轮的涨价趋势将会不断趋于平缓,然后逐渐保持在一个更加合理和稳定的价位。相较目前,未来月嫂的价格不涨反降的情况是有可能出现的。

此外,还有部分市民表示,月嫂涨价或降价都不是自己关心的重点,关键还是要保证能够请到高素质的月嫂。其实,只要收费在合理范畴内,真正有能力、有需要请月嫂的家庭,都不会将钱的因素摆在第一位。公众们大谈月嫂的涨价降价问题,其实更深层次反映的还是对服务质量和专业程度的需求。而且,不光广大月嫂们要提升自己的专业能力和素质,一些家政公司和中介机构也需要做好管理和服务,强化对月嫂的能力素质考查,让广大市民能够请到"放心月嫂"。

市场需求量的急剧增长,并非是推动月嫂行业发展的决定性因素。迅速地确立起透明化、标准化的行业制度,建设高素质的月嫂群体队伍,明确合理的月嫂收费标准,才能使更多的市民更快捷地请到高素质月嫂,这也将是月嫂热不断冷却之后,整个行业能够持续、健康发展的关键所在。

05 "二孩经济"竞争重"质"是根本

二孩政策对于人口数量和人口结构的影响带动了市场中的"二孩经济",随着新增的新生儿数量增长,无论是上述的医疗、保险、房产、月嫂等行业,还是食品、玩具、儿童服装、教育培训等行业,都将迎来全新的市场机遇期。

不过,新的市场机遇同样意味着新的市场竞争。由于不同的行业格局和行业发展特征,不同行业在面对"二孩经济"时都有不同的应对思路,而具体到一个行业中的不同企业,在抢占"二孩经济"大蛋糕时也都有各自的"武器"和"法宝"。但纵使行业和企业的竞争策略千差万别,有一个竞争要素是所有参与"二孩经济"的竞争者们都需要格外重视的,那就是质量。无论是产品质量还是服务质量,唯有向消费者保证高质量,才能真正对接"二孩经济"带来的市场机遇。

我们反复强调,有意愿生育二孩的夫妻总数极少,全国范围内生育二孩的意愿普遍较低,这也就意味着,与"一孩"相比,"二孩"的生育数量并不会大规模爆发,二孩政策所带来的市场需求量增长可能远不如预期。但是换个角度来看,为什么二孩生育意愿如此之低呢?这不仅仅是因为育儿压力让许多家庭无力承受,也是因为家庭对于育儿质量更加看重的缘故。在过去,普通家庭可能只是保证能够"养活"孩子,"有吃有喝"便心满意足了。但随着生活水平的提高,人们对于吃穿住行、医疗、教育、娱乐的质量要求都有了大幅度的提升,人们总希望为孩子提供足够优越的生活条件。所以,那些二孩家庭必定也会对相应的母婴产品和服务提出更高的质量要求和需求。

新生儿各方面的抵抗力远逊于成人,而产后妈妈们,特别是高龄的产后妈妈们的身体也处于恢复期,所以她们对于相关产品和服务的安全性需求也自然更高。就拿与新生儿关系最为密切的婴幼儿奶粉来说,相比过去,许多父母如今更倾向于购买品牌奶粉、进口奶粉以及高端系列奶粉,不仅希望自己的孩子能够吃上放心奶,也希望他们能够获取更丰富、更均衡的成长营养。所以,如果不注重奶粉产品的质量,只是一味地推出低端系列奶粉,也最终难以获得消费者的青睐。随着人民生活水平和消费能力的不断提升,人们对生活质量更加看重,这也就决定了二孩经济的竞争必然是以质量为重的竞争。

不仅如此,我国当前的经济正在迈入"新常态",即以"互联网+"新兴形态的产业变革正在爆发,其中最为突出的特点之一便是消费者消费需求的变化。消费者曾经的模仿式、追随式的消费习惯正在不断消失,个性化、多样化的消费习惯逐渐成为主流,这对产品的质量又进一步提出了新的要求。不仅仅要保证产品自身的安全性,确保产品的使用功能,还要不断进行产品创新,不断满足消费者的特殊需求,这样才是真正能够适应互联网时代的高质量产品。如果行业、企业依旧还是按照数量和规模这种工业化的发展思路去挖掘"二孩市场",那么很难在市场竞争中占据有利位置。唯有不断推陈出新,不断提升产品和服务的质量,才能紧密对接消费者需求,赢得消费者的青睐,从而赢得"二孩经济"的大蛋糕。

企业想要真正抓好"质量经济",就必须关注两大关键元素:安全和创新。

对于利润的追逐使得许多企业陷入"浮躁"的发展状态中，一味地扩充规模、抢占市场，却忽略了最根本的产品安全问题。近些年，产品安全事故、生产安全事故频发，很大程度上就是企业利欲熏心或者缺少监管导致的。而关于食品安全，特别是婴幼儿食品安全，更是丝毫马虎不得。比如，三鹿奶粉安全事故的爆发，不仅击垮了一家大企业，也击垮了国内消费者的信心，在很长一段时间内，有条件的家庭都会选择购买国外品牌奶粉。其实，保证产品安全并不困难，任何一家正规合格的企业，都必定具备安全生产的能力，企业真正所需要的，是提高相关责任者的责任心，制定严格周密的内部管理制度。

相较于产品安全，对企业有着更大挑战的是产品创新。在这个以创新为重的互联网时代下，几乎各行各业中的企业都将创新作为产品研发、企业发展的根本原则之一。如今，缺乏创新价值的产品，很难在市场中立足，很难兑现自身的价值。产品的创新不仅仅要求企业具备充足的产品研发能力，更重要的是要做到"以人为本"。从消费者的真实需求出发，唯有能够满足消费者需求的创新，才是真正具备市场价值和市场竞争力的创新。企业首先需要改变传统的产品研发模式，不再由企业自身"垄断"产品研发环节，而是让更多的终端用户参与其中，倾听终端用户的需求和他们对于新产品的期待。其次，企业还要改变传统的生产模式，"臃肿笨重"的工业式大生产越来越难以适应消费者的个性化需求，企业应当引入 C2B 模式，从小规模消费者的具体需求出发，根据他们的期望进行定制化的小规模产品生产。企业产品创新模式的升级并非可以在短期内轻易达成，但企业需要从当下开始改变，一步步地开展自我优化。

在"二孩经济"这一全新的开放市场中，中国制造和中国服务必须走上"以质取胜"的发展之路，抓住机遇进行"二孩产业"的提质升级。对于占据着市场优势的企业来说，要进一步扩大品牌影响力，不断提供更加优质化、个性化、创新化的产品和服务;而对于不占据市场优势甚至处于劣势的企业来说,则更要提高产品安全和服务水平,以更高的产品和服务标准力争在全新的竞争环境下有所突破。

06 "二孩经济"更重产品研发能力

全面二孩政策的放开,其实放开的不仅仅是人口,同样也是一个千亿元级的庞大市场。据国家有关机构测算预估,全面二孩政策落地后,全国每年的新增出生人口在 300 万至 800 万,预计 2017 年出生的总人口在 2000 万至 2500 万。按照如今抚养新生儿的年均成本支出来看,这些婴儿将会带来 600 亿至 750 亿元的消费量,再加上来自政府、企业、民间的各类投资,超过 1000 亿元简直轻而易举。

"二孩经济"的实际消费者是广大二孩家庭的父母们,企业者若要打开和抢占"二胎市场",就要着重分析二孩父母,特别是二孩妈妈的消费思想和消费习惯,为企业取胜"二胎市场"提供决策依据。

"二宝用大宝的"这一传统思想,对于新时代妈妈们来说已经不再完全适用。据调查研究表明,有 56% 的二孩妈妈们认为,虽然有一些大宝的东西二宝可以接着使用,但同样也会为二宝购买许多属于他自己的东西。而且许多父母也不会再简单地按照抚养大宝时的消费思路去为二宝购买相关产品,而是会根据二宝的身体和性格特征重新进行选择。这也就意味着,所有与"二孩经济"相关的产品品牌都有重新翻牌的机会,市场领跑者未必一定能够在"二孩市场"中取胜,而市场落后者则有机会后发制人。

那么,在"二孩经济"下,企业如何成就更受二孩父母欢迎的品牌呢? 这需要企业更加注重产品的研发能力,满足二孩家庭的特殊需求。更具体来说,就是要不断为二孩父母们提供高性价比的产品。据调查,有53%的二孩父母在选购二胎宝宝的用品时,与当初选择一胎宝宝用品时的侧重点不同,如今他们不再那么紧张于二胎宝宝的吃穿用行,而是更倾向于选择性价比较高的产品,重视品牌口碑的同时更注重自己的判断。

二孩父母更重视产品性价比,其原因也是显而易见的。

首先,是迫于经济上的压力。二胎宝宝的出生,对于家庭经济的最直接影响就是增加了家庭支出,加重了父母们的经济负担。因此,除了少部分"土豪"家庭外,更多普通家庭的父母们自然要在保证孩子茁壮成长的前提下精打细算,高性价比的产品自然而然地成了他们的首选。

其次,科学育儿意识的觉醒。如今,越来越多的父母崇尚科学育儿,而不是盲目地选择"穷养"或"富养"。有92%的二孩父母认为,育儿应该与时俱进,而不是一味接受传统的育儿方法。他们不会再"只买贵的不买对的",而是更注重在产品的性能和价格上寻求平衡点,为自己的第二个孩子找到最适合的产品。

再次,父母们在心理上更自信。二孩父母在心理上的最大变化,是摆脱了在抚养一胎宝宝时的"慌乱"状态。许多新手父母之所以根据价格和口碑去选择他们认为好的产品,主要就在于他们缺乏经验,为了给孩子提供最好的成长条件,不惜花费重金。而有了照顾大宝的经验后,许多有了二宝的父母们,比起外界的口碑和建议,他们更有自己的判断和选择,会根据经验和实际情况去选择合适的、高性价比的产品。

最后,关注重心的转移。许多新手父母们在事业、爱好上花费的时间与精力占据着较大的比重,所以很多时候他们并无余力去为宝宝评估、挑选产品,选择名牌产品、高价产品似乎是一种安全又高效的方法。而在有了二宝后,随着父母责任心的增强,家庭成为他们的重心,他们会花费更多的时间与精力去为二胎宝宝挑选更适合他们的高性价比产品。

在"二孩经济"新潮下，一些高价的高附加值的产品未必会成为二孩父母的最爱，而这也从侧面反映了二孩父母们更关注孩子的实际使用需求，更关注相关产品的核心价值。二孩父母对产品附加价值要求的降低，实际上就是对产品性价比要求的提高，高性价比的产品定位在"二胎市场"中更受欢迎。

因此，企业在注重产品研发时，特别要重视对产品核心价值的创新升级，而不是一味地用一些"噱头"来吸引消费者，提升产品附加价值。对于居家生活用品来说，实惠始终是一大制胜要素，过多的附加要素未必就一定是好的创新。此外，企业也要注重产品研发和生产的效率，不断降低研发和生产成本，从而降低产品售价，这既能为产品提供强大的市场竞争力，也能为广大二孩家庭提供切实的实惠。

07 "二孩经济"背后的投资机遇

在二孩政策全面放开之际，众多国内券商纷纷开始挖掘"二孩概念"，许多投身于证券市场的投资者们也按捺不住兴奋之情，希望该政策能够成为新的投资风向标。

那么，"二孩经济"真的潜藏着如此巨大的投资机遇吗？"二孩概念股"又是否具备真实的投资价值呢？答案毫无疑问是肯定的。股市是社会经济的"晴雨表"，任何一次政策上的微小调整，都会给相关产业的股价涨跌带来重大影响。例如，在 2013 年，由于校车安全事故频发，政府强化了对校车标准的管理，随后，数家专注于校车生产的上市公司股价随之大涨。而此次人口政策的调整,带来的影响可能更为巨大,众多相关产业都将受到明显的提振影响。

随着新生儿数量的大幅增长,在新生儿出生前和成长中所涉及的行业都将迎来市场需求量的提升,从而带动相关企业的业绩提升。相关的券商投资顾问认为,按照新生儿的成长过程,可以将"二孩经济"的投资主线分为四条:产前(怀孕期)、婴儿(0～1岁)、幼儿(1～3岁)和学龄前儿童(3～6岁)。当然,6岁以后的儿童成长同样会伴随着大量消费,但由于时间距离较远,不确定因素过多,因此不宜在当前盲目投资,投资重点还是应当放在6岁以下儿童和二孩妈妈的主要消费行业中。在四个不同阶段中,具体的投资标的如下。

1. 产前(怀孕期)

在这一阶段中,主要的消费群体是孕妇妈妈们,投资者应当重点关注孕妇产前检查、辅助生殖服务、孕妇用药等领域。

在产前,为保证顺利生产,孕妇及胎儿的身体健康将成为家庭关注的重点。据民生证券研究院提供的数据显示,自2010年以来,我国妇幼保健所诊疗人次加速上涨,增速由7.6%增长至14.7%,显示出家庭对孕妇、婴儿健康关注度的提高,而随着二孩政策带来的怀孕妈妈数量的进一步增长,妇幼保健机构的诊疗人次将会进一步上涨。同时,由于社会压力大、晚育比例升高、高龄产妇增加,不育不孕的夫妇数量也在增加,为帮助广大夫妇顺利怀上二胎宝宝,辅助生殖的需求量也会增加。

2. 婴儿(0～1岁)

在这一阶段中,新生婴儿和产后妈妈都是重要的消费群体,投资者应当重点关注婴儿奶粉、婴儿日常用品、婴儿用药、产后妈妈减肥和美容等领域。

在新生儿出生后,婴儿奶粉和婴儿日常用品的消费量将会增加,而相关的生产厂商也将直接受益。根据前瞻产业研究院发布的《2015—2020 年中国奶粉行业市场调研与投资预测分析报告》数据显示,2013 年我国婴幼儿奶粉市场规模约为 600 亿元,而随着二孩政策的落地,以 13％的复合增长率测算,2018 年,婴幼儿奶粉市场规模将增长至 900 亿元。同时,由于婴儿抵抗力差,各种大病小病也难免时常发生,因此,婴儿用药的需求量也将随着婴儿数量的增长而提振。不仅仅是各位新生儿,产后妈妈也同样是消费主力,特别是那些希望在产后迅速恢复往昔的容貌和身材的妈妈们,会直接带动美容健身等行业的发展。

3. 幼儿(1～3 岁)

在这一阶段中,主要的消费群体开始逐渐向二胎宝宝转移,投资者应当重点关注童装、玩具、动漫等产业。

随着年龄增长,幼儿对于服装、娱乐的需求将会增加。随着年轻父母对儿童衣着重视度的提高,对儿童服装的需求有望进一步扩大,据国家统计局发布的《2012—2015 年童装产业报告》显示,童装产业产值年增长率可达 25％～30％,远远高于成人服装业。而近年来,儿童玩具市场成交额也在稳定增长,2013 年市场成交额达到 415.27 亿元,年增长率 18.75％,相较 2010 年增长 50.57％,随着二胎宝宝数量的增加,玩具市场的交易额有望持续保持高速增长。

4. 学龄前儿童(3～6 岁)

在这一阶段中,儿童逐渐成为消费的主要终端群体,投资者应当重点关注早教、文具用品等行业。如今的家长越来越重视孩子的教育问题,不希望孩子输在起跑线上,因此早教热度一直持续升温。同时,随着孩子的成长,在学习过程中对于文具用品的需求也必然会增加。

总体来看,"二孩经济"带来的投资效应是全方位的,衣、食、住、行、用、娱、医、教八个层面的行业都可以成为热门投资方向。同时,投资者也需要基于市场反应,对行业业绩、行业景气度、行业竞争性、行业内相关投资标的的集中程度进行全面的分析思考,做出当前阶段最佳的投资方向选择。

08 "二孩经济"投资风险更高

"二孩经济"背后的投资机遇让众多投资者及企业趋之若鹜,紧随政策东风,"二孩经济"看似是一项非常安全、靠谱的投资标的。但是,任何投资项目都不可能完全规避风险,潜在收益越大,潜在风险也就越高,"二孩经济"的投资风险远比许多人想象中更高。

那么,"二孩经济"究竟存在哪些让人看不清、看不懂的投资风险呢?

1. 投资收益未必能在短期兑现

二孩政策未必会在短期内带来新生儿数量的大幅增长,二孩政策带来的产业红利也未必能够在短期内兑现,这也就导致了许多关于"二孩经济"的投资收益也未必能够在短期内兑现。而且,二胎宝宝的抚养成本确实会为许多产业带来庞大的消费量,但是二胎宝宝的成长是一个极为漫长的过程,因此实际的消费量会"分摊"到十数年间,因此"二孩经济"的投资效应并不会在短期内集中爆发。

所以,如果投资者在短期内将大量资金注入"二孩经济"概念中,很有可能导致资金被"套牢",甚至会产生重大亏损。投资者需要根据二孩政策落地的不同时期而选择相应的投资方向,比如在短期内可以配置婴幼儿奶粉、服装、玩具等,而随着时间推移则可以进而配置教育培训、汽车、房产等。

2. 具体的投资方向和标的过于复杂

二孩政策带来的产业红利是大规模、全方位的,婴幼儿用品、食品、服装,产后妈妈的形体恢复等,投资方向和标的过多,这也会给投资者带来选择困难。而且,二孩政策确实能够为产业发展带来绝佳的发展机遇,但是具体到产业中的每一家企业,不可能都保证业绩取得大幅增长。无论遇到怎样的产业机遇,在市场中都必然有成功者和失败者,这就导致"二孩经济"的投资方向和标的更加复杂,投资者的选择困难也会随之加大,一旦投资不慎也会遭受意想不到的亏损。

所以,投资者不要认为只要配置了"二孩经济"的相关产业投资就必然会获得预期收益,"二孩经济"有可能带来新的行业颠覆,投资者还是需要根据具体企业的经营现状、发展思路、市场地位等选择真正有发展前景的企业进行投资。

3. 存在投资泡沫的可能性

"二孩经济"的产业红利是确实存在的,那么"二孩经济"是否存在投资泡沫的可能性呢?同样也存在。实际上,任何一个被热捧的概念,即便存在真实价值,也难免会存在一定程度的泡沫。随着"二孩经济"的概念被热炒,会有更多新兴企业进入"二孩经济"相关领域,这其中难免存在许多缺乏经营实力和经验的不良企业,而投资者投资这些企业自然有着极高的风险。同时,投资者资金的大量涌入,也会造成"二孩市场"的假性繁荣,如果投资总量超过市场实际能够消化的总量,自然会导致投资泡沫的出现。

所以,无论是企业还是投资者,都不能对"二孩经济"过于狂热,应该冷静地看待和评估"二孩经济"的真实价值,只有这样,才能让"二孩市场"趋于平稳,而不是因为大起大落导致投资风险不断加大。

"二孩经济"的发展不会一帆风顺,"二孩经济"的投资也并非许多人想象的那样美好,投资机遇的背后也潜藏着许多投资风险。无论在什么时候,投资者都不可追随概念盲目投资,立足投资本源、关注真实价值才是稳健投资的最佳方式。

第 7 章

"孩儿动力" 之下，如何创业？

在二孩政策下，许多围绕"孩儿动力"的相关产品和服务应"孕"而生，这也为众多有着创业意愿却不知如何起步的准创业者们提供了绝佳的商机。那么，"孩儿动力"之下究竟有哪些极具前景的创业方向？创业者又应当采取哪些行动来抓住这些创业机遇？创业者在创业过程中又应该注意哪些行业问题？本章就将为广大希望在"二孩经济"中起航的创业者们答疑解惑。

01 "婴儿潮"期待的"互联网＋医疗"

随着全面二孩政策的落地，新生儿的出生不仅会给每一个二孩家庭带来压力，同样也会对社会资源带来压力。特别是原本就比较紧缺的医疗资源和教育资源，将会迎来前所未有的全新挑战。二胎宝宝对于教育资源的需求尚不会在短期内爆发，但是对于医疗资源的需求却可谓"燃眉之急"。那么，面对这些新出生的宝宝大军，我国的医疗系统是否做好了准备呢？

《中国经济导报》给出的答案并不十分乐观,经调查结果显示,全面放开二孩政策将会进一步加剧持续蔓延的儿科"医生荒"现象。

国家卫计委卫生发展研究中心研究院指出,在 2012 年,我国 14 岁以下的儿童数量约为 2.2 亿,而儿科医师的数量仅为 9.6 万左右,平均每千名儿童只有 0.43 位儿科医师,不仅远远低于每千名儿童拥有 1.46 位儿科医师的美国,更是与每千人 2.06 名医师的全国平均水平相去甚远。

中国医师协会的林治国介绍说,在 2011 年,全国只有 68 所儿童专科医院、25.8 万张床位,只占全国医院总床位数的 6.4%,但中国儿童人口占比却高达 20%,严重不对等。若按照"每千名儿童 0.43 名医师、0.93 张床位"的标准计算,再结合 9.6 万儿童医师数量、25.8 万张儿科床位的现状,我国的儿科医师缺口超过 20 万人。

多方的调查分析结果都表明,我国针对儿童的医疗资源严重匮乏,而随着"二孩婴儿潮"的到来,这种严峻的局面还会进一步加剧。

严重的供需失衡,直观地体现在了儿童医院就医极为困难的现实情况中。"看病像打仗,挂号像春运"是许多父母在带孩子就医时的体验和感想。即使是在医疗资源较为集中的一线大城市中,儿童就医难的现象同样存在。在北京,北京儿童医院每日的门诊量已经达到了 1 万人次左右,首都儿科研究所每天的门诊量在 5000～7000 人次,而位于上海的复旦儿科医院每天承担的门诊量也已经高达 8000～9000 人次。相比之下,首都儿科研究所最初设计的门诊量原本是每日 2000 人次左右,即便医院满负荷甚至超负荷运转,也难以满足如此大的就诊量。许多挂不上号的患者父母,不惜选择从黄牛手中高价购买挂号票。

　　面对捉襟见肘的儿童医疗资源和大势所趋的"二孩婴儿潮",越来越紧迫的医疗供需矛盾确实让广大父母和医疗行业为之焦虑。但是在挑战背后,潜在的却是能够带来行业变革的创业机会,用"互联网＋"思维发展医疗事业、盘活医疗资源势在必行。

　　其实,"互联网＋医疗"的理念与实践早已存在,通过将互联网思维与工具深入渗透和应用于医疗领域,能够使看病难的社会医疗问题得到有效缓解。比如,父母们可以在互联网平台上进行医疗咨询,当孩子症状不严重时可以自行处理,避免再去医院耗时耗力;父母们也可以在网上提前预约,查询前面的候诊人数等,这样也能够有效地缩短就医排队时间。

　　而目前,也有越来越多的创新型公司看好"二孩市场",希望利用"互联网＋医疗"的形式应对和缓解现今儿童医疗资源紧缺的现象。"月子汇所",就是一款定位于母婴健康领域的极为成功的医疗服务 APP。

　　　　与目前市场中存在的许多纯线上运作类的医疗服务 APP 不同,"月子汇所"拥有较强的线下医师资源,平台自有医生 20 名,其中还包括有近 20 年儿科临床经验的副主任医生以及有将近 40 年儿科经验的退休医生,能够全天候接受患者的来电咨询及微信咨询。同时,"月子汇所"还与北京妇产医院、北医三院、友谊医院的多名主任医生和副主任医师进行了签约,进一步壮大了平台医师队伍。自 2015 年 8 月 1 日正式上线后,"月子汇所"至今已经拥有超过 100 万注册用户,日均活跃用户数达 5 万,受到了广大儿童父母们的支持和欢迎。

　　除了在线咨询功能外,"月子汇所"还能起到健康知识普及和教育的作用。平台邀请了北京儿科研究所的专家们录制了一系列的健康教育视频,用户可以随时观看。同时,平台还定期开展孕期保健、月子护理及育儿知识等微信主题讲座,让广大二孩妈妈和二胎准妈妈了解更多的孕产和育儿知识。APP 还内设有"妈妈圈"社交平台,能够让有经验的热心人士晒出自己的儿童护理小妙招,比如"宝宝鼻子堵了,怎么样帮助宝宝睡得安稳?"等类似的帖子最受家长欢迎。有了广大经验人士出谋划策,父母们就再也不必为宝宝的各种小问题感到束手无策了。

复旦儿科医院的主治医师夏庆表示,根据她的诊疗经验来看,有 50% 的患儿都是小毛病,根本没有必要排那么长的队伍来医院就诊,但是父母们由于缺乏相应的知识和经验,自然不敢拿宝宝的健康冒险,所以即便再辛苦也要去大医院看一看图个放心。

而以"月子汇所"为代表的医疗 APP 的出现,将极大限度地发挥盘活紧张的医疗资源的作用,能够让有限的医生发挥出最大的效力,一定程度上缓解医疗资源的供需矛盾。一方面,医疗 APP 充分利用了医生的闲暇时间,让经验丰富的医生能在工作之余通过电话、微信或 APP 平台本身去解答患儿常见的健康问题;另一方面,缩短就医的空间距离,并起到线上分诊的作用,建议不需要去大医院就医的群体去社区医院就诊或是进行居家护理,减少了大医院的就医压力。随着二胎生育高峰的不断临近,随着"互联网+医疗"的不断深化发展,这一医疗领域的变革不仅能够为广大家庭带来便利,也将为创业者提供更多的创业机会。

随着二胎宝宝数量的不断增长,不仅能使"互联网+医疗"的市场需求得到扩大,也会催生出更多新玩法。那么,对于创业者来说,"互联网+医疗"究竟存在哪些层面的创业机会呢?

1. 备孕、孕期准妈妈和产后妈妈

这是市场已经有了较为充分挖掘的领域,比如医疗健康咨询和科普等等。但是二孩的出现仍然会给该领域带来一些变化。过去该领域的用户更新速度很快，但是随着越来越多的女性有意愿生育二孩，对于该类 APP 产品的使用周期就会相应延长，也为这类 APP 产品提供了更大的发展空间。

2. 新生儿和低龄儿童

我国的儿童医疗资源数量不足、分布不均是长期存在的问题，医疗 APP 的出现能够在一定程度上缓解这一问题。而且，在移动医疗领域，孕妇和婴幼儿的产品开发经常被联系在一起，专门针对儿童的移动医疗产品并不多见，这也能够成为一个很好的细分领域。

3. 不孕不育群体

不孕不育群体的数量，似乎并不会因为二孩政策的推出而发生改变。但是，在过往的"互联网＋医疗"领域中，对于不孕不育群体的市场潜力并未进行过深挖。而且，随着有意愿生育二孩的父母年龄增大，不能排除他们患上了不孕不育或其他阻碍生育的疾病。所以，针对不孕不育群体的"互联网＋医疗"也是极具发展潜力的。

4. 男性群体

在"二孩婴儿潮"来临后，医疗领域的关注重点始终在产妇和婴幼儿身上，广大二孩爸爸似乎被完全忽视。但实际上，二孩爸爸们也会遇到各种育前和育后问题，也自然有想做个称职好爸爸的愿望，面对一个几乎空白的市场，相关的"互联网＋医疗"产品有着广阔的发展空间。

随着"二孩婴儿潮"的到来，市场对于"互联网＋医疗"的期待值会不断提高。面对广阔的市场，创业者应当瞄准细分领域，针对对应客户群的需求提供便利、高效的"互联网＋医疗"产品和服务，争取成为细分领域的领跑者。

02 母婴O2O：做好大幅增长的准备

作为仅次于美国的世界第二大母婴产品消费国，我国每年的新增人口达到 1600 万，母婴产品领域拥有极为庞大的市场。据亿欧网的调查数据显示，新生代母婴群体的人均年消费在 5000～18000 元，而且始终保持着增长的态势。随着全面二孩政策的落地，母婴产品的市场规模又将加速扩大，发展前景较为乐观。不过，在互联网时代中，母婴产品的发展路径也会发生变化，进军线上领域，布局母婴 O2O 是全新的发展趋势。

O2O，即线上到线下，是电子商务领域进一步发展的产物，用户可以在线下先体验，然后再从线上以低价购买。而对于母婴产品领域来说，O2O 模式是很有必要的。首先，母婴用品市场种类极为丰富，二手母婴用品交易平台，香港、海外代购方式持续火爆；其次，许多电商网站将母婴用品归类为"特殊商品"，奉行"一经签收，非质量问题不予退还"的原则，单凭网上交易，消费者权益难以得到保障；最后，婴幼儿抵抗力远逊于成人，吃穿用的安全性是头等大事。而借助 O2O 模式，父母们可以提前在线下确保产品质量，同时在线上下单不增加采购成本。

就目前来看，国内的母婴 O2O 布局尚处于初级阶段。一、二线大城市的父母们在购买母婴产品时习惯采用海外代购的形式，属于纯线上交易。而三、四线小城市的父母们则更多地在"看得见摸得着"的实体店购买，认为比较有安全感。而 O2O 要做的，就是把线下商品的支付搬到线上，线上服务环节搬到线下体验。如此，母婴 O2O 线上可以解决产品价格的不透明问题、多品类的对比问题、支付环节的手续问题，线下体验则可以改善产品质量、安全和对网购不信任的问题。

所以,母婴产品是很适合做O2O的,也有着极为广阔的市场,关键在于创业者要选择何种方式去布局O2O。按照O2O的不同运营模式,母婴O2O可以分为以下几类。

1. 从线下实体销售开拓线上市场,形成O2O

这类母婴O2O的应用企业多是一些原本在线下销售的母婴用品连锁企业,拥有数量较多的线下实体店,在电商潮流下开展线上销售,并将原本的线下实体店作为O2O转型的核心竞争力。代表企业有乐友孕婴童,其打造的"三位一体"模式,将连锁店、网上商城、直购目录相互打通,形成了"电商+连锁+移动终端"的全渠道模式,围绕用户可能出现的购买场景,打造方便、安全、健康的购物通道。

2. 以电商起家,反向开拓线下渠道,形成O2O

这种经营模式包含两类企业:一种是综合类电商平台,另一种是只做母婴产品的垂直电商平台。比如最早涉足母婴电商的红孩子,在被苏宁收购后,依托于苏宁的综合电商平台以及线下连锁优势,于2013年在全国开设了8家红孩子实体店,同时在全国苏宁线下实体店开设母婴专区,将苏宁的线下客户逆向引流到红孩子网上商城,而实体店既成为流量的入口,也成为物流的出口。

3. 以线上社区起家,然后进军电商乃至布局O2O

应用这种经营模式的企业原本只是线上交流社区或线上服务平台,随着用户积累到一定程度后开始涉足O2O经营。这种O2O经营模式的盈利点主要是广告收入,比如宝宝树的广告业务,不仅面向母婴用品的品牌商,同时还为线下广大占据长尾市场的商家推送精准的中小企业广告服务,以线上介入线下服务环节,做线下服务机构的O2O。

4. 母婴品牌商独立运作的 O2O

这种运营模式的代表企业是合生元。合生元于 2007 年成立妈妈 100 网,2013 年试水 O2O 业务,主要模式是线上下单、线下实体门店送货,联合线下的母婴店资源,完成线上订单的配送。合生元还开放了妈妈 100 的 O2O 商家中心平台,仅经过一年多的运营,全国范围内就已经有近 2 万家母婴店参与了妈妈 100 的网络接单。

5. 海外代购平台开展的 O2O

这类运营模式的代表企业是洋码头。2014 年年底,洋码头于上海开设了首家线下体验中心,让消费者直接进行体验消费,以消除众多消费者对于海外购物的距离感,让他们亲身体验到海外购物的轻松、便捷、安全。

母婴 O2O 的布局很难一蹴而就,以上五种模式可以为创业者的发展思路提供借鉴。除此之外,为了更好地拥抱"二胎市场",应对母婴 O2O 可能出现的竞争,创业者需要注重哪些方面呢?

(1)以明确的定位深耕母婴 O2O 垂直细分领域。母婴 O2O 所包含的产品品类极为广泛,从目前来看,开展大型的、综合式的母婴 O2O 并非良策,也远非许多创业者所能驾驭的。所以,针对单一垂直细分领域做专、做精,不仅更容易获取核心用户和核心竞争力,对于投资和经营的要求也相对较低。

(2)始终以更新的思维提供人性化服务。无论是母婴产品还是 O2O 模式,其实都是非常注重消费体验的,所以,想要拥有大量的活跃用户、忠实用户,务必要始终提供高质量、针对性的服务,让企业的产品和品牌得到广泛认可。

(3)建立立体式的 O2O 渠道模式。如今的消费群体,可能会从任何一种线上或线下渠道进行购买,这也就需要企业从各个渠道进行"围追堵截",通过分析和模拟用户消费场景,搭建无死角的 O2O 销售渠道。

（4）重视移动端的布局和发展。移动平台将是未来电商的主要战场，移动端逐渐取代 PC 端是大势所趋，而在母婴产品领域，这种趋势可能更为明显。因为广大妈妈们无论在怀孕期间还是在育儿期间，其时间大多都是碎片化的，在移动端进行商品选购无疑更加便利，更加符合她们的消费需求。

（5）重视粉丝经营，引导口碑扩散。互联网时代，口碑效应对于商业成功是极为重要的，特别在看重产品安全的母婴产品领域，用户的好口碑要远比商家的宣传有效得多。而要使用户心甘情愿地主动进行宣传，不仅要质量过硬，还要让用户成为品牌的粉丝。

（6）抢滩三四线城市以及农村市场。不要只重视消费水平较高的一二线大中城市，高密度的竞争未必能让你轻易成功，提前布局三四线小城市以及农村市场，往往能够另辟蹊径。虽然这些地区的人均消费能力相对较低，但是总量更大，你所能占据的市场消费潜力总量未必就弱于一二线大城市。

（7）紧抓关键资源，发挥核心竞争力优势。创业者必须明白自身的关键资源和核心竞争力是什么，这是企业在市场中立足和发展的关键。无论企业要进行转型或是扩张，都必须围绕关键资源和核心竞争力来进行，这样才不至于走上弯路错路。

只要创业者在布局母婴 O2O 时关注以上几个关键点，即便不能迅速成为行业翘楚，也不至于会被激烈的市场竞争所轻易淘汰。

"二孩婴儿潮"带来了新一轮的母婴产品消费高峰，不仅市场规模得以扩张，消费水平的提升也使得消费总量不断提高。与此同时，育儿理念的变化，消费习惯的变化，都为母婴 O2O 的发展提供了广阔的空间。母婴 O2O 的产业风口已经到来，必将有更多的创业者和创新企业参与到竞争之中，力图翱翔起飞。

03 妇产科领域：医生自由执业和移动医疗市场

二孩政策的落地在为妇产科领域带来发展良机的同时，也对广大妇产科医院的工作效率和服务质量提出了更高的要求。而在这种新的需求之下，创业的机遇也随之凸显。为了解决当前国内医疗资源紧张、办事效率差、服务质量不高的问题，医生自由执业和移动医疗市场这两大发展方向被越来越多的人所期盼。

所谓医生自由执业，就是从现有体制下解放医生，让他们自由流动、自发竞争，以真正实现让市场来为医生定价，最终从根本上改变医患关系。

长期以来，我国的医疗事业都是以医院为载体开展的，无论是预约挂号、诊疗还是支付，都是以医院为中心的。而医生又是隶属于医院的，一旦离开了医院，就很难开展医疗行为。但是，这种模式存在很大的弊端：一是医疗资源分布严重不均衡，一、二线大中城市吸引和聚拢了大量优质的医疗资源，而三、四线小城市和农村地区的医疗资源却极为匮乏；二是体制内的医生由于效率、激励和绩效考核等因素，潜力并未被充分发挥出来，有许多医疗人员缺乏主动进取的精神。而通过医生自由执业模式，可以使一部分医生得到解放，变成独立执业的形式，进而发挥出"鲶鱼效应"，通过竞争提高独立医生和医院的效率和水平。

如今，医生自由执业目前已经成为国际主流模式，在美国、加拿大、澳大利亚等发达国家均予以采用，凡是持有职业医师资格证的医生，可以自由选择个体、合伙或受聘于医院的方式行医，不受国家和制度的管控。据统计，美国共约有 23 万名自由职业医生，其中 52.8% 为独立行医，37.1% 为 2~5 人的医生团队,6.3%为6～9人的医生团队,3.7%为10名及其以上的医生团队。

而在中国,受限于公立医院的体制,医生自由执业在短期内难以真正实现。那么,妇产科医生能否实现自由执业呢?这其实是很有可能的。相对来说,妇产科领域的私立医院发展得更好,许多家庭在产妇怀孕及分娩时,都倾向于选择收费较高但环境和质量更好的私立医院。而随着市场空间的扩大,妇产科领域的社会资本办医将发展得更快更好,这就为广大妇产科医生走出公立医院提供了有利的条件和平台。只要体制外的市场空间足够大、平台足够好、机制足够成熟,必然会有越来越多的妇产科医生走出公立医院。

一旦医生自由执业的局面形成,妇产科领域的创业机会将大幅增加,比如家庭医生、私人诊所、医生集团等,都将得到突破性发展。而随着这些新兴业态与移动互联网的深度融合,广阔的移动医疗市场也将被进一步打开。

所谓移动医疗,就是通过使用移动通信技术,比如PDA、移动电话、卫星通信来提供医疗服务和信息,而在移动互联网领域,则主要通过各类移动终端系统的医疗健康类APP为患者提供相关医疗服务和信息。移动医疗能够显著提升医疗效率,将有效缓解我国医疗资源严重匮乏、医疗资源分布不均衡的现状。

如今,移动医疗已经成为新的投资热点。据统计,在2015年,全球共有5亿左右的智能手机用户在使用移动医疗APP,市场极为庞大。而业内人士表示,在未来5～10年,移动医疗的需求还将继续迎来井喷式增长。据有关专家预测,到2020年,全球移动医疗市场规模将达到491亿美元。

在移动医疗市场中,已经有一批创新型公司开展了积极的探索,"贴心医生"就是由中康尚德科技有限公司开发的一款移动医疗APP工具。

"贴心医生"主要基于医患在线下已经建立的强关系、以熟识信任为基础,并结合大数据管理服务系统,为广大医生群体提供病患管理、辅助医疗、电子病历、远程就诊等支持功能,为患者提供随时线上问询、线上就诊的信息和服务功能。与其他同类移动医疗 APP 应用相比,"贴心医生"的最大优势是拥有北京地区总计 4 万多名的医生用户。自 2014 年上线后仅仅用了一年多时间,"贴心医生"就覆盖了全国各大省市,平台上的入驻医生达到 43000 多名,而深度直连的三甲医院专家也有 1332 名,总体用户数量更是超过 1200 万。

而随着二孩政策的落地,"贴心医生"也发挥了与时俱进的理念,推出了一系列针对二孩家庭的全新医疗服务。

"贴心医生"能够为备孕、孕期女性和产后妈妈提供医疗健康咨询、科普等在线医疗服务,还能提供更加具体、高效的交流。当一位女性要生二胎宝宝的时候,她对"贴心医生"的使用周期也会相应延长。此外,在过往的互联网医疗创业当中,不孕不育人群的市场潜力并没有充分挖掘过,而是基本上丢给了线下的民营医院。在这些医院就诊,治疗时间较长,更换医院或者医生也容易造成数据丢失,而"贴心医生"的大数据管理以及云病历能够让医生迅速获得该患者的一切历史病例,在病例的基础上参考,随诊随访。同时,医生群体也可以通过"贴心医生"与其他医生同行进行交流,甚至发起线上会诊。

由此可见,"贴心医生"的成功不仅仅是因为抓住了移动医疗市场的发展机遇,还在于其同时满足了医生群体和患者群体两方的需求,进而获取了庞大的用户群,这也是对移动医疗有兴趣的创业者们在创业过程中可以参考的。随着二孩政策落地,每年可能新增的新生儿数量将达到 100 万~200 万,我们有理由相信,在这一积极信号下,未来移动医疗市场的发展潜力将进一步释放。

医生自由执业和移动医疗市场的发展是相辅相成的,并不存在谁先谁后,谁带动谁的问题。医生自由执业的数量越多,将为移动医疗市场提供更为充足的医生团队,以满足患者线上医疗的需求;而移动医疗市场的不断拓展,也能刺激线上医疗需求,从而引导和吸引更多医生参与到自由执业模式中。

在 2014 年 11 月 22 日,国内众多知名医学专家、健康管理专家、移动医疗领域的行业精英曾齐聚杭州,共同讨论"移动医疗跨界融合与医生多点执业"这一话题。而马云在互联网大会上发表的"30 年后让医生找不到工作"的言论也在现场引发了热议。不少专家认为,医生自由职业和移动医疗市场乃互为催化剂的关系,这将会带动医疗行业的颠覆。

不过,从目前来看,医生自由执业和移动医疗市场的发展都存在一定的阻碍。首先是患者消费习惯的阻碍,如今许多患者更信任大医院,习惯到大医院就医,不太能接受私人医生和私人诊所;其次是患者对移动医疗的认知度和使用水平还比较低,特别是需求更强的中老年人,往往不善于使用移动技术。应对以上这些发展中的挑战,既需要时间,也需要相关产业者在产品设计中更加深入地考虑到用户的思维和习惯。

妇产科领域的医生自由执业和移动医疗市场所包含的创业机会是很广的,无论你是妇产科领域医生还是互联网应用开发人员,都可以在这一领域中找到属于自己的创业机会。

04 智能硬件:让"二胎"育儿更方便

2015 年,智能硬件在资本市场中开始受到越来越多的关注,智能手环、血压计等可穿戴设备在市场中越来越活跃。不过,随着竞争越来越激烈,智能硬件领域的发展也迈入红海阶段,市场细分化将是大势所趋。而就在二孩政策推出之际,有许多智能硬件研发企业,已经将目光瞄准了母婴群体,希望该群体能够与智能硬件擦出新的火花。

一般来说,孕妇妈妈们的年龄多集中在25～35岁,她们更愿意接受高科技新鲜事物,尝试新的东西。同时,母婴群体是一个家庭的重点呵护对象,因此属于高消费群体。不仅如此,互联网时代的父母们在缺乏丰富的育儿经验的同时也更崇尚科学育儿,这也使得他们对于智能硬件的需求大幅增加。

以上种种迹象表明,当庞大的母婴市场和迅猛发展的智能硬件相结合,或将成为智能硬件领域的下一个重要风口。而国内的一些"大佬级"企业,早已抓住了这一行业趋势,推出了一系列针对母婴群体的智能硬件产品。比如,360推出了"360儿童卫士"智能手表,乐视推出了"乐小宝"智能亲子硬件,搜狗推出了"糖猫"儿童智能手表等等。

不过,创业者也不必为巨头企业参与到母婴智能硬件领域而感到担忧,因为母婴智能硬件产品尚处于发展初期,有着广阔的创新空间,只要能够立足创新,推出具备足够创意的产品,未必会在同巨头的竞争中落于下风。那么,针对母婴群体的智能硬件究竟有哪些创业方向呢?

1. Sleevely 智能奶瓶

对于许多缺乏丰富育儿经验的新手爸爸妈妈来说,经常会困扰他们的一个问题是,"小宝宝究竟能吃多少? 我应该给小宝宝喂多少奶?"以色列的科技公司 Sleevely 所推出的 SmartSleeve 智能奶瓶,就能为广大新手父母们解决这一困扰。"SmartSleeve"智能奶瓶是一款可以装入宝宝奶瓶并检测婴儿营养摄入的产品,该产品可以连接到智能手机,并通过手机中的专用 APP 显示奶的温度以及应该喂养的奶量和喂养时间等。不仅如此,该产品还能识别奶瓶内奶粉配方,并根据喂养宝宝的性别、身高、体重等身体状态给出相应的营养建议。

2. Pacifi 智能奶嘴

许多照顾婴儿的父母都知道,当宝宝哭闹的时候,给他们塞个奶嘴能够有效地使小宝宝安静下来。而这款 Pacifi 智能奶嘴的功能当然不仅限于此,只要把它放在小宝宝的口腔中,就能实时监测宝宝们的体温,并将体温信息同步到智能手机的 APP 上,当宝宝生病难受时,父母们可以在第一时间发现。而且,APP 还会根据宝宝的病症和体温,提示父母正确的用药量和用药时间。除此之外,Pacifi 智能奶嘴还内置有 GPS 定位芯片,可以通过设置范围锁定来确保小宝宝始终在父母身边,一旦宝宝独自离开了父母身边,即会发出提示音。

3. Sproutling 智能婴儿脚环

小宝宝的身体状态和作息时间往往都是捉摸不定的,因此许多父母通常都会为了照顾小宝宝而牺牲或打乱自己的休息时间。而这款 Sproutling 智能婴儿脚环则能够成为父母们的好帮手,让父母不必在睡觉时间始终"提心吊胆"。这款智能婴儿脚环不仅能够实时监控婴儿的睡眠、体温、心率等重要的体征信息,提醒父母孩子是否正处在翻身状态或是非常危险的面朝下的睡眠姿态,还能够监测到手机婴儿的周边环境信息,包括噪音水平、空气湿度、房间亮度等。该产品选用柔软、质地轻盈的硅胶材料制成,可确保不刺激婴儿娇嫩的皮肤,同时各种实时监测数据也可以通过手机 APP 查询,并发出相应的警示提醒。

4. Owlet 智能婴儿袜

Owlet 智能婴儿袜由婴儿袜和硅胶盒子组成,材料安全且能调节大小。这款产品不仅能够监测宝宝的健康指数,还能监测他们的舒适指数,比如宝宝的心率、血氧水平、睡眠质量、皮肤温度、睡眠位置等信息,并可以实时上传到手机端 APP 供父母们查阅,避免婴儿遭遇意外,如 SIDS(婴儿猝死综合征)。

5. Mama Roo 智能摇篮

Mama Roo 智能摇篮是由智能婴儿用品公司 4moms 推出的一款电动婴儿摇篮,该产品通过不同的摇晃模式来模仿妈妈的怀抱,让宝宝不再哭闹,安稳入睡。这款智能摇篮具备骑车、袋鼠跳、荡秋千、睡眠摇动和波浪摇动共五种摇摆模式,同时每种摇摆模式都有快速、中速、慢速三种不同的速度档位。同时,在底座的设置界面中,还可以通过配套的 iOS 或 Android 应用播放各种各样的自然声音和音乐歌曲等,比如妈妈的心跳声、手机中的儿歌等。在安全性上,该摇篮采用三点式安全带设计,安全角度可自由调节,无论宝宝睡着还是睡醒时均可使用。摇篮上方还附有三个可以转动的彩色球,能够有效吸引宝宝的注意力。

6. Exmobaby 智能睡衣

Exmobaby 智能睡衣是一套具备生物传感功能的婴儿睡衣产品,能够通过配套的传感器实时记录婴儿的体温、活动和具体位置等,不仅可以通过 APP 查看实时数据,还可以向监护人的手机和电脑中发送实时的短信或电子邮件提醒,及时地提醒宝宝父母们喂宝宝吃饭,给宝宝换尿布等。同时,该睡衣采用了柔软材质,不仅能让宝宝们感觉更加舒适,清洗起来也更加方便,手洗和机洗都可以,不必担心沾上婴儿的屎尿等问题。

7. 智能"发烧总监"

宝宝生病是让许多父母忧心的问题,当宝宝发烧时,"如何退烧?需不需要去医院?应该吃什么药?"也是让许多父母纠结的问题。而这款智能"发烧总监"正是为应对这些问题研发的产品。该产品由睿仁医疗研制而成,相当于一个智能体温测量仪,通过配套的手机 APP 来使用,它能够 30 小时不间断地提供宝宝的体温信息,并为广大父母提供用药建议。同时,该产品外观小巧、便于携带,还具备了智能报警和云空间储存,设计相当贴心。

8. Mon Baby 智能纽扣

从外观来看,Mon Baby 智能纽扣就像是一个大纽扣,超薄的设计能够使其夹在任何衣服的表面。智能纽扣内置了一个 140 位的微机电加速器系统和多种传感器,能够时刻追踪宝宝的运动,比如宝宝的运动方向、活动量和呼吸状态等,而这些测量值每秒可记录 5 次,并通过蓝牙功能传输到智能手机 APP 应用上。通过这些检测数据,手机端 APP 可以显示一系列信息,比如宝宝是仰着睡还是趴着睡,宝宝有没有翻身,宝宝是否准备醒来等。父母们还可以设置提醒功能,比如当宝宝压着肚子睡的时候发送提醒,或者当宝宝的呼吸突然加快的时候发送提醒等。此外,Mon Baby 智能纽扣还能够将手机 APP 的数据上传到云端,用户们可以上网了解更多的睡眠模式,或是与其他家庭、医生来共享这些资料分析。

9. 英特尔智能汽车坐垫

我们经常从新闻中看过许多类似的悲剧事件:粗心的父母将幼小的宝宝遗忘在车内,结果导致宝宝遭受了各种意外伤害。而如今,父母们可以借助智能汽车坐垫来避免这些悲剧事件的发生。该产品的技术原理相当简单,通过蓝牙将坐垫与父母们的手机进行连接,一旦距离超出连接距离,手机便会发出声音进行提醒。而坐垫的材料和造型也是完全为婴幼儿量身设计,确保舒适和安全。

10. Baby Watch 胎儿探测器

随着社交平台的活跃,如今许多孕妇热衷于在怀孕期间分享各种照片。而 Baby Watch 推出的一款胎儿探测器,能够让众多准妈妈们记录下她们尚未出生的孩子的心跳,并将这些心电图分享给家人和朋友。该产品拥有一个手持型的超声波设备,并通过音频线连接到智能手机上,而 Baby Watch 应用则会记录胎儿每分钟的心跳,并将之转换成超声波图。

从上述 10 种母婴智能硬件的创业思路启发中可以看出,国外产品占据了多数,该领域在国内还有很大的发展空间。瞄准该领域的创业者们,应该深度挖掘流量价值的商业变现能力,更加注重母婴资讯、专业问答、交流平台乃至周边服务等数据挖掘,发掘用户的真实需求,同时提高软硬件的精准性和结合性。而在满足用户需求的基础上,创业者还要注重平台差异化发展战略,以更加人性化的服务增强用户黏性,开启互联网时代的粉丝经营。

05 家政服务:解除二孩家庭带孩子的压力

在实体产品领域,受到二孩政策影响最为直接的无疑是母婴用品,而在服务领域,受到二孩政策影响最为直接的则是家政服务。

在独生子女时代,保姆、月嫂等家政服务对于普通家庭来说仍是一项"奢侈消费",与其花钱请保姆和月嫂,不如夫妻两人和老人们共同照料孩子。从总体来看,这一时期市场对于家政服务的需求量并不太大。但是,随着二孩政策的放开,这种状况将得到扭转,家政服务市场的"蛋糕"将会越来越大。

二孩政策放开所带来的,不仅仅是用户基数的上升,同时还有需求的变化。在当前,许多70后的父母们参与到了生二胎的大军中,他们自身的精力已经大不如前,父母也年事已高,无法再像过去一样得心应手地照顾婴儿了,所以对于家政服务的需求必将会增加。而对于一些二胎与一胎生育间隔很近的家庭来说,同时照顾两个婴儿也令他们难以招架,而请一名保姆或月嫂则能够有效缓解家里人手不足的困境,因此这类群体对于家政服务的需求也将会增加。

家政服务的市场前景很广阔,但当前的发展现状却不令人满意。如今,国内的家政市场很多仍处于"小作坊"模式,各个家政公司的规模相对都不大,对于保姆和月嫂的培训能力极为有限,约束力和管理能力也不强,更多的仅仅是起到信息中介的作用。由于对于保姆的背景和个人信誉缺乏准确的了解,因此许多消费者对于家政公司并不信任。

所以,按照传统的发展道路,绝不是家政服务领域正确的发展思路,创业者们应该结合时代潮流,大力发挥"互联网+"和O2O模式的推动作用。而"平台家政"和"O2O家政"正逐渐成为家政服务市场中的领军模式。

> 2014年10月,"阿姨帮"获得祥峰投资领投的数千万美元B轮融资;
>
> 2015年9月,"e家洁"获得盛大资本与腾讯合投的400万美元A轮融资;
>
> 2015年10月,"58到家"获得阿里巴巴、KKP、平安创投的3亿美元融资;
>
> 2015年11月,美国家政O2OHandy获得了5000万美元C+轮融资。

从以上家政服务市场的投融资事件可以看出,无论是国内还是国外,无论是大资本还是小资本,"平台家政"和"O2O家政"模式都受到了资本市场的青睐,并逐渐成为行业专属标签。

借助互联网工具和思维,传统家政服务市场价格乱、服务差、信息不透明、中介欺骗等问题将得到有效解决,在强调开放、平等、透明的互联网模式下,家政服务市场将有望建立起一套透明化、标准化的系统。

不过,"平台家政"和"O2O家政"模式在发展过程中同样遭遇了一些问题。一些家政平台盲目地进行市场扩张,采用类似于滴滴打车和快的打车的发展模式,通过向 B 端或 C 端进行补贴来抢占市场,这种资本竞争模式使得许多家政平台的后续发展呈现疲软之势,变现周期被无限延长,盈利能力不断降低。针对这些发展中的弯路错路,家政服务市场要减少恶性竞争的内耗,以良性竞争来寻求共赢。

  主打中高端月嫂育婴师市场的"爱的果实"品牌创始人俞女士,在一场月嫂橱窗秀中表示:"长期以来月嫂市场价格乱、服务差、信息不透明等问题的根源点还是在于月嫂群体自身。许多月嫂来自于全国各地,整体素质并不是很高,因此在实际服务中无论是在沟通上还是跟客户预期服务要求上都产生了较大的分歧。长期下来,整个月嫂市场的服务人员便被认为是底层的务工者。但实际上,月嫂应当是家政服务市场中的'高端人才',她们要服务孕产家庭,从产妇待产期开始,无论是医院的护理还是月子期的妈妈和婴儿的护理,都需要她们来负责。所以,月嫂必须要具备相应的医疗知识和护理经验,经过专业的培训、实操的磨炼,才能称得上是称职的月嫂。"

  俞女士虽然只讲述了月嫂这一家政服务领域的单一工种问题,但实际上也从侧面反映出了整个家政服务行业的问题根源所在。如果没能对服务者的素质进行严格把控,那么一切行业透明化、标准化的讨论都只是"空中楼阁"、"纸上谈兵"。而提升和强化家政服务领域的服务者素质,不仅仅需要服务者自身要具备加强学习进取的思想,更关键的还是需要广大家政服务公司提供相关的管理培训,从根本上提升和把控服务者的综合素质。

  在运营模式上,如今家政服务公司或平台主要分为三种模式:第一种是为中介公司搭建线上平台,汇集并推送家政服务信息,代表公司有云家政;

第二种是直接为家政服务人员搭建的线上平台,成为家政服务提供者和需求者之间的桥梁,代表公司有阿姨来了、e家洁、阿姨帮等;第三种则是员工制公司,即通过签约员工,统一提供工资、缴纳保险,甚至提供免费食宿福利等,代表公司有好慷家政、小马管家等。

其实,不管采用何种运营模式或发展思路,家政服务领域的创业者都必须要强化对服务人员的信息识别、能力考查、质量管理等,确保广大家庭能够请到高水平、高素质的放心保姆、放心月嫂,有效缓解二孩家庭带孩子人手不足的压力。只有这样,才能使创业之路走得顺畅,才能让整个行业都迈入新的发展阶段。

06 健身健美:重塑"二孩妈妈"的美丽

随着二孩政策的全面放开,针对产后妈妈们的健身健美行业将迎来全新的产业风口。按照发达国家的产后妈妈的健身市场 10%～15% 的转化率水平来计算,我国仅产后妈妈的健身市场潜力就高达 170 亿～480 亿元的规模。但目前,我国除了北京等少数一线城市的转化率超过了 10%,绝大部分地区的转化率仅为 1% 左右,女性健身健美市场的可挖掘潜力可谓十分巨大。

产后皮肤变差、身材变形,是许多妈妈们都感到困扰的问题。尽管有些产后妈妈决心通过减肥来恢复往日的形体,但或是因为自制力不强,或是因为方法不合理,往往并不能取得理想的健身健美效果。在这种情况下,借助于一些专业的健身健美公司或平台自然成为许多妈妈的首选。

而说起当前市场中比较成功的妈妈健身产品,就不得不提到"芭比辣妈",作为大陆娱乐圈著名明星黄晓明个人基金投资的唯一种子项目,"芭比辣妈"可谓是噱头十足,引来多方关注。当然"芭比辣妈"可不仅仅是有噱头,其市场切入点和产品自身都是极为成功的。

　　"芭比辣妈"是北京悦己时代科技有限公司旗下的一款妈妈健身O2O产品,于2014年12月成立,并于2015年6月在微信平台测试上线,产品的核心业务是专注为广大妈妈群体提供健身私教服务。而在获得了300万元的天使轮融资后,"芭比辣妈"也进一步扩张了业务,全面走向了产后恢复、美体塑形、体态调整等一对一及小团体式预约教练的大数据服务平台和母婴全套产品电商平台,并逐步将业务扩展至孕前备孕、亲子健身及少儿体适能领域。

　　不仅如此,"芭比辣妈"还通过和腾讯等知名公司合作,专注垂直细分领域,开展线上平台和线下组织共同推广的营销模式,很快成为女性健身O2O领域的先行者和领军品牌。

　　"芭比辣妈"的种子轮投资者黄晓明表示,非常看好这一新型行业的发展趋势,并将斥资百万扶持该项目。而正时资本则指出,市场运动健身APP将呈爆发式增长,到2017年全球有望达到2.5亿下载量,覆盖5亿网民4亿家庭,届时关注产妇健康及辣妈塑身的人群至少将达1.7亿。而"芭比辣妈"作为首家专注为妈妈群体提供健身私教服务的平台,品牌后期估值将有望过亿。

　　"芭比辣妈"CEO李楠在采访中提到,从市场调研、组建团队、平台上线,到不断地研发产品、精耕服务、迭代平台,"芭比辣妈"一直以来都在努力打造一个关爱妈妈的好品牌。在未来,"芭比辣妈"团队将在继续巩固北京市场的同时切入上海和深圳等市场,并积极整合线上和线下资源,为用户提供更专业、更优质的产品和服务。

"芭比辣妈"为针对妈妈群体的健身健美行业发展提供了宝贵的借鉴,该领域的创业者要最大限度地聚拢信息资源,根据妈妈群体的不同特征推送针对性的、有价值的信息,这样才能真正赢得用户的心。

需要注意的是,健身健美行业不仅针对产后妈妈们,备孕妈妈们也同样可以成为重要的客户群。特别是许多 35 岁以上的高龄产妇,身体状态可能已大不如前,这对于成功备孕二胎很不利。通过备孕前的科学锻炼,不仅可以增强体魄,做好生育二胎的准备,也可以提前拥有一个好身材,更有利于产后的快速恢复。

而在创业思路上,也不只有 APP 应用这一种方式。如果具备相应的知识和条件,创业者还可以选择成为私人教练,或是开设专门针对备孕妈妈和产后妈妈的健身房等,从实体领域开展健身健美创业行动。

所以,无论从客户来源还是创业方式上,针对妈妈们的健身健美行业都是极具前景的,在"重回美丽"的号召下,二孩妈妈们将成为创业者最强大的后盾。

图书在版编目(CIP)数据

二孩经济学/全忠伟著.—杭州：浙江大学出版社，2016.10

ISBN 978-7-308-16049-0

Ⅰ.①二… Ⅱ.①全… Ⅲ.①人口经济学—研究—中国 Ⅳ.①C924.24

中国版本图书馆 CIP 数据核字（2016）第 158662 号

二孩经济学

全忠伟　著

责任编辑	黄兆宁
封面设计	国风设计
出版发行	浙江大学出版社
	（杭州市天目山路 148 号　邮政编码 310007）
	（网址：http://www.zjupress.com）
排　　版	杭州林智广告有限公司
印　　刷	杭州日报报业集团盛元印务有限公司
开　　本	710mm×1000mm　1/16
印　　张	12
字　　数	154 千
版 印 次	2016 年 10 月第 1 版　2016 年 10 月第 1 次印刷
书　　号	ISBN 978-7-308-16049-0
定　　价	35.00 元
